발레리나에서 배우로 변신한 백지윤

엄마와 함께

국립발레단아카데미 공연 <꽃의 요정>   강수진 발레리나와 만남

필리핀 할릴리-크루즈 발레학교 공연, 봉사활동과 생일파티

디지털서울문화예술대학 졸업식

평창 스페셜올림픽 개막 공연 <지젤>

장애영유아 프로그램 <라라쌤과 함께 영어배우기>

<열두 개의 문>

<넘어서는 의지>

<세 사람 이야기>

<품바야>

드라마 <고고송>과 제작발표회 중

<젤리피쉬>

누구 시리즈

❓ 문학적 초상화 프로젝트
2025년 <누구?!시리즈10>을 발간하며

궁금증이 감탄으로 변하게 하는 이야기를 담은 작은 인문학도서 <누구?!시리즈>를 기획하게 되었다. 인문학이란 사람의 이야기를 기본으로 하는데 그 삶에서 장애는 비장애인들이 경험하지 못한 특별한 이야기여서 사람들에게 감동을 준다.

특히 장애인예술은 장애예술인의 삶 속에서 녹아 나온 창작이라서 장애예술인 이야기를 책으로 만드는 <누구?!시리즈>는 꼭 필요한 작업이다. 이 책은 장애예술인의 활동을 알리는 소중한 자료가 될 것이기에 <누구?!시리즈> 100권 발간 목표를 세웠다. 의문과 감탄을 동시에 나타내는 기호 인테러뱅(interrobang)이 <누구?!시리즈>를 통해 새로운 감성으로 확산될 것으로 믿는다.

<누구?!시리즈 100>이 완간되면 한국을 빛내는 장애예술인 100인이 탄생하여 장애인예술의 진가를 인정받게 될 것이며, 100인의 장애예술인을 해외에 소개하면 한국장애인예술의 우수성이 K-컬처의 새로운 화두가 될 것이다.

_ (사)한국장애예술인협회

발레리나에서 배우로 변신한 백지윤
백지윤 지음

초판1쇄 발행 2025년 11월 20일

지은이 백지윤
펴낸이 석창우
펴낸곳 한국장애예술인협회(KDAA)
등 록 2025년 5월 7일
주 소 서울시 금천구 서부샛길 606, 대성지식산업센터 B동 2506-2호
전 화 (02)861-8848
팩 스 (02)861-8849
홈주소 www.emiji.net
이메일 klah1990@daum.net

값 12,000원

ISBN 979-11-993059-6-0 03810

주최 (사)한국장애예술인협회
후원 문화체육관광부 한국장애인문화예술원

누구❓시리즈 45

발레리나에서 배우로 변신한 백지윤

백지윤 지음

무대에서 피어난 몸짓과 언어는 메아리가 되다

발레리나에서 연극배우로 변신한 그녀는
더 큰 무대를 향해 오늘도 변신을 꿈꾼다.
멈출 줄 모르는 노력과 도전으로 백지윤 앞날이
더욱 다채롭고 아름답게 펼쳐지리라 믿는다.

도서출판 **KDAA**

여는 글

한 마리 나비가 세상을 향해 나아가다

　단지 봄날의 노곤한 낮잠 속에 슬며시 왔다가 사라질 꿈으로 끝났을지 모른다. 백지윤에게 무대는 그렇게 꿈처럼 흐릿하고 혼곤해서 손을 뻗쳐도 닿을 수 없는 무지개는 아니었을까? 하지만 수채화 같은 꿈의 형상은 나비 날개가 손짓하듯 백지윤에게 시나브로 찾아왔다. 차이콥스키가 작곡한 발레 작품인 〈호두까기 인형〉은 백지윤를 향해 손짓한 첫 번째 나비였다. 클라라가 받은 호두까기 인형이 왕자로 변신했듯이 13세 소녀였던 백지윤의 인생에 발레는 기적과도 같은 선물이었다.
　한 송이 꽃처럼 예쁜 발레복과 앙증맞은 발레 슈즈를 차려입었지만 갈 길은 멀기만 했다. 발끝으로 꼿꼿이 서야 하는 발레의 기본 동작조차 지윤에게는 혹독함의 연속이었으니까. 하지만 지윤의 가슴속엔 무대에서 멋지게 춤추고 싶다는 욕망이 타올랐다. 땀과 노력으로 점철된 시간의 축적은 결코 지윤을 배반하지 않았다. 손과 발을 열심히 뻗으며 날아올라 무대 한가운데로 나아갔다.

기회는 포기한 채 머물러 있는 사람에게는 야박하지만 꿈을 위해 도전하는 사람에게는 문을 활짝 열어 주는 법일까. 발레리나를 꿈꾸는 그녀에게 기회의 문은 하나씩 열리기 시작했다. 세상이 백지윤에게 손을 잡길 원했고 그녀의 숨겨진 재능이 여실히 드러났다. 평창스페셜올림픽과 평창패럴림픽의 공연에 이어 CGNTV 드라마 〈고고송〉에도 출연하게 되었다. 발레리나 백지윤은 발레를 통해 세상에 모습을 드러냈고 배우로 발돋움하기에 이르렀다.

마침내 만난 〈젤리피쉬〉의 주인공 켈리. 다운증후군 여성의 사랑과 독립을 그린 그 작품에서 백지윤은 배우로서의 기량을 맘껏 발휘했다. 어쩌면 켈리와 닮은꼴일 수도 있는 지윤이었기에 캐릭터와 혼연일체가 될 수 있었는지도 모른다.

발레리나에서 연극배우로 변신한 그녀는 더 큰 무대를 향해 오늘도 변신을 꿈꾼다. 멈출 줄 모르는 노력과 도전으로 백지윤 앞날이 더욱 다채롭고 아름답게 펼쳐지리라 믿는다. 백지윤이 무대에서 또 다른 모습으로 빛나는 순간에 쏟아질 박수를 기대하면서.

새로운 무대를 꿈꾸는
2025년 꿈꾸기 좋은 날, 백지윤

차례

여는 글 한 마리 나비가 세상을 향해 나아가다   12

인큐베이터 속에서 빛나던 별, 백지윤   17

한발 앞선 등대가 지윤에게 인생 길잡이가 되어 주길   23

생각 주머니가 작은 지윤이지만 춤과 노래는 너무 좋아!   30

〈호두까기 인형〉의 주인공 클라라를 꿈꾸며   36

지윤을 위해 이민을 결심하다   42

필리핀 유학에서 찾게 된 또 가능성   50

비장애인들과 겨루는 무대에서 동상을 받다   60

기적의 지젤로 불리다	70
시련은 있어도 불가능은 없다	79
인생의 수많은 허들	85
무용가로서 마지막 불꽃을 태우다	90
켈빈이 있어 든든해요!	98
〈젤리피쉬〉의 켈리로 연극 무대에 서다	105
새는 알에서 나오려고 싸운다	115

?

16
누구 시리즈 45

인큐베이터 속에서 빛나던 별, 백지윤

1992년생인 백지윤은 엄마인 이명희 씨의 첫아기로 세상에 왔다. 임신의 기쁨과 설렘으로 산부인과 산전 정기검진은 빼놓지 않고 받았던 엄마였다. 엄마는 산모와 태아 건강이 양호하다는 의사의 말을 믿었다.

"산모님, 아기 호흡이……."
"아기 호흡이 왜요? 무슨 문제가 있는 건가요?"
"숨을 잘 못 쉬는 거 같아서 우선은 인큐베이터에……."
"숨을 못 쉰다는 게 무슨 뜻인가요?"

말끝을 흐리는 의료진의 모습이 석연치 않았다. 엄마는 처음엔 놀랐지만 곧이어 마음을 진정했다. 열 달을 다 채우고 출산일에 순산한 아기였다. 세상의 모든 산모가 출산하자마자 아기의 손가락과 발가락 숫자부터 묻는다고 한다. 지윤은 그런 면에서 지극히 정상적인 아기였다. 그래서 엄마도 병원에서 하라는 대로만 하면 지윤이가 무탈하리라 여겼다.

　인큐베이터에서의 딸아이는 여느 갓난아기들처럼 조금 울퉁불퉁하고 불그죽죽했을 뿐 엄마의 눈에는 귀엽고 사랑스럽기만 했다. 힘겹게 산도를 빠져나온 갓난아기 모습은 원래 다 그랬으니까.

　엄마를 따로 부른 의사가 머리를 갸웃거리더니 말을 꺼냈다.

"혹시 가족 중에 아기와 닮은 분이 있습니까?"

　의사가 하는 말의 속뜻을 알아차리기가 난감했다. 엄마는 아기 얼굴이 다 거기서 거기 아닌가, 하는 생각이 들었지만 둥글고 넙데데하신 친할머니 모습이 생각났다.

"글쎄요. 시어머님을 닮은 거 같은데요."
"아 네, 그래요. 제가 볼 때는 아기 외모에서 다운 증상이 보여서요. 좀 더 지켜봐야겠지만 제 소견은 그렇습니다."

　21번째 염색체 이상으로 생기는 질병인 다운증후군. 신체상으로는 평형감각이 부족하고 근력도 약해서 보행에 지장이 있고, 인지와 지능도 떨어져 지적장애를 동반할 수 있다는 질병이었다. 염색체 검사를 해야지 정확히 알 수 있는 질병인 데다가 갓난아기 외모는 거의 비슷해서 1, 2년쯤 지나 이상 징후를 발견했을 때 병원을 찾는 게 대부분이었다. 엄마도 나중에야 다운증후군 부모님들께 들어서 안 일이었다. 그런데 지윤은 태어났을 때부터 그런 징후가 나타난 것이다. 아무리 그렇더라도 산부인과 의사는 신중했어야 했다. 청천벽력과 같은 의사의 말에 산후 후유증으로 몸과 마음이 허약해진 엄마가 받았을 충격을 배려하지 않은 의사의 처사라니.

하늘이 무너지는 가운데서도 엄마의 머릿속에 생각나는 사람이 한 분 있었다. 엄마가 출산 전까지 근무했던 소아과병원 원장님이었다. 원장님은 엄마의 요청에 산부인과 병원을 직접 찾아와 지윤을 살펴봐 주셨다.

"이 선생, 갓난아기 때는 아직 잘 몰라요. 그러니까 너무 걱정하지 말아요. 지금 섣불리 판단하기는 이르니까 우리 조금 더 지켜봅시다."

엄마에게 각별했던 원장님은 절망에 빠진 그녀를 따듯한 말로 위로해 주셨다. 엄마가 먼저 퇴원했고 며칠이 지난 후 인큐베이터에서 나온 지윤을 집으로 데리고 왔다. 지윤의 호흡은 다소 진정되었지만 한 달을 넘어 지켜봤지만 젖을 물려도 빠는 힘도 부족했고 모든 반응이 더뎠다. 지윤의 엄마와 아빠는 애가 닳고 피가 말랐다. 생각 끝에 소아과 원장님 소개로 원장님 남편분이 근무하는 백병원 소아과 병동을 찾았다. 염색체 검사 결과 다운증후군이 맞았다. 엄마와 아빠는 두 번째로 하늘이 무너지는 충격에 휩싸였다. 친가와 외가에는 말씀을 드리지 않았다. 늙으신 조부모님도 결국은 아시겠지만, 하루라도 늦게 아시는 게 낫겠다는 판단이었다.

지윤을 낳은 엄마는 다니던 소아과 직장을 그만두고 소아과 원장님 배려로 병원 건물에서 작은 가게를 하고 있을 때라서 육아에 전념하는 일이 버거웠다. 엄마는 강원도 외가에 지윤을 맡기기로 했다.

"명희야, 지윤이가 참 이상하다. 배가 고파서 칭얼거리면서도 젖병을 도통 빨려고 하질 않는구나. 내가 한 시간을 넘게 안고 먹이는데도 간신히 20cc나 먹었을까. 내가 아주 애간장이 녹는다, 녹아."

외할머니의 한숨이 깊어지셨다. 그래도 엄마는 외가에 지윤의 다운증후군 질병을 차마 말씀드리지 못하고 망설였다. 외할머니는 생각다 못해 근방 소아과로 지윤을 데리고 가셨다. 그곳 의사가 외할머니에게 아기 엄마에게 들은 얘기가 없냐고 했단다. 엄마도 더는 외할머니에게 숨길 수 없었고 그제야 털어놓았다. 외할머니 역시도 하늘이 무너지는 심정이셨을 것이다. 어린 손녀딸 지윤에게 조금이라도 젖을 더 먹이게 하느라고 외할머니는 허리디스

21
발레리나에서 배우로 변신한 백지윤

크까지 앓았지만 한 번도 그걸 탓하지 않으셨다.

 가게 일 때문에 지윤을 외가에 맡겼지만, 엄마 마음은 오로지 지윤을 향하고 있었다. 여러 방법으로 다운증후군에 대해 알아본 엄마는 골백번 마음이 무너져내렸다.

 심장 질환과 기관지염이 동반된 다운증후군은 생후 1년을 넘기지 못하는 영유아도 많았고 20세에 단명하는 사례도 있었다. 물론 의학 발전과 영양 상태가 좋아진 덕분에 이제는 그런 일이 거의 없다고는 하지만 엄마는 마음을 놓을 수 없었다. 가게 일과 육아를 병행하느라 몸이 고되더라도 지윤을 자신의 손으로 직접 양육해야겠다는 마음뿐이었다.

 인큐베이터 속에서 초점 없는 눈으로 엄마를 바라보던 어린 지윤의 모습이 머릿속에서 떠나지 않았다. 의학적인 판단과 세상의 시선이 지윤을 다운증후군이라는 병명으로 규정했지만, 엄마에게 지윤은 누가 뭐라고 해도 밤하늘에서 가장 빛나고 또렷한 별이었다. 이명희라는 사람에게 뚝 떨어진 하늘의 선물 보따리 같은 존재가 바로 백지윤이었으니까.

한발 앞선 등대가 지윤에게 인생 길잡이가 되어 주길

"아, 네! 유치원 다니는 아이한테 그런 일이 생길 수도 있겠네요."
"그렇죠. 다운 장애아는 유치원부터도 넘어야 할 벽이 많더라고요. 아니, 그런데 지윤이 엄마, 아직 지윤이는 세 살이라면서요? 유치원생도 아닌데 그런 정보가 왜 필요한 거예요?"
"우리 지윤한테도 곧 닥칠 일이잖아요. 미리 알아서 대처하다 보면 더 좋은 방법을 찾을 수 있을지도 모르잖아요."

메모지에 받아 적으면서 맞장구를 치는 엄마의 말을 듣고 상대방은 혀를 내둘렀다. 엄마는 지윤보다 몇 살 위인 다운증후군과 발달장애 아이의 부모님을 발 빠르게 찾아다녔다. 그 아이들이 직면한 현재가 지윤의 가까운 미래가 될 터였으므로. 그 아이들이 현재 겪는 상황의 문제점을 파악하고 알아 둬서 대처 방안을 미리 생각하는 것도 나쁠 게 없었다.

?

24
누구 시리즈 45

조기교육이나 선행 학습은 비장애인 아동들만의 영역이 아니었다. 어쩌면 지윤이야말로 조기 경험과 간접 체험은 더더욱 필요한 아이였다. 엄마는 항상 한 발자국 앞서서 지윤에게 등대가 되길 원했다. 지윤이 맞닥뜨릴 가까운 미래를 엄마가 먼저 살펴서 딸의 인생에 길잡이 노릇을 자처했다. 엄마의 그런 열성이 눈에 보이는 결과로 나타났고 엄마에게도 뿌듯한 기억으로 남아 있다.

어느 날, 지윤이 부모님과 함께 차를 타고 이동하던 중 버스 광고판을 가리키며 '대우'라고 말했다. 엄마는 순간 잘못 들은 게 아닐까 싶었다.

"여보, 지윤이가 방금 '대우'라고 했어. 진짜인지 확인해 보고 싶네. 빨리 저 버스를 쫓아가 봐요."

엄마가 운전하는 아빠에게 말했다. 아빠는 잠시 망설이더니 버스를 따라 달렸다. 버스를 따라붙자, 버스 광고판이 눈에 들어왔다. 그곳엔 분명 '대우'라는 글자가 선명하게 적혀 있었다. 이렇게 지윤이는 받침 없는 글자들을 하나둘씩 읽기 시작했는데, 그 순간은 마치 작은 기적처럼 느껴졌다. 세상과 지윤이 사이의 문이 조금씩 열리고 있다는 걸 부모님은 그날 처음 실감했다.

초등학교 1학년 무렵이었다. 익숙한 동요를 흥얼거리고, 간단한 말을 조금씩 하기 시작했다. 하지만 숫자에 관한 개념은 여전히 멀게만 느껴졌다. 그러고 보면 지윤은 어릴 적부터 언어적 감각이 남달랐던 것일지도 모른다. (훗날 영어를 원어민 수준으로 구사하게 된 거랄지 연극 대본을 외우는 능력을 보면 그렇다.)

면밀하게 따지자면 비장애인 아이들도 각자의 능력이나 재능이 다 다르게 나타나는 것과 마찬가지일 것이다. 물론 지윤이 한글을 깨치게 된 배경에는 엄마의 지대한 뒷받침이 있었던 것도 부정할 수 없는 사실이긴 하다.

엄마는 군자동 주변에 장애아동을 위한 사설 특수교육원이 있다는 이야기를 듣고 망설임 없이 방문했고 지윤을 위해 투자를 아끼지 않았다. 사설이었던 교육원이어서 시설도 좋았을 뿐 아니라 발달장애 아동을 개개인의 능력별로 맞춰서 지도하는 덕분에 지윤도 곧잘 따라 했다.

엄마의 노력은 거기서 그치지 않았다. 왕십리가 집이었는데 고덕동의 장애인 복지관으로 지윤을 데리고 다니는 것도 게을리하지 않았다. 그래도 다행인 것은 아빠의 순탄한 직장 생활에 보태어 엄마의 가게 일이 제법 잘 되어서 지윤에게 투자할 만큼의 경제적 여건은 부족하지 않았다.

엄마의 노력은 계속되었다. 지윤이가 유치원생이 되었을 때는 어김없이 초등학교 어머니를 붙들고 늘어졌다. 초등학생 때는 중학생 학부모에게 묻고 또 물었다. 지윤이가 초등학교 3학년일 때 어느 발달장애 중학생이 교우 관계에서 상처를 입었던 사례를 듣

7세 때

게 되었다. 역시 지윤이가 중학생이 되었을 때는 고등학생 당사자를 쫓아다니면서 학교생활과 교우 관계를 캐물으면서 장단점을 찾아다녔다. 모든 것이 지윤이 앞으로 겪어 나갈 멀지 않을 미래였기 때문이다.

엄마는 지윤을 자존감이 높은 아이로 훈육했다. 약자에 대한 배려심과 더불어 옳고 그름을 정확히 가르치려고 노력했다. 불합리함에는 절대 굽히지 않는 지윤은 예민한 편이라서 어긋난 교우 관계에서 상처를 입는다면 깊은 상처를 입을 게 분명했다.

그 무렵 엄마는 특수학교와 일반 학교에 관해서도 고민을 했다. 누군가는 엄마에게 의문을 품었을 수도 있다. 지윤의 체력도 체력이지만 인지능력이 떨어지는 아이를 특수학교가 아닌 일반 학교에 굳이 입학시킨 이유에 대해서 말이다. 비록 지윤이 장애인이긴 하지만 엄마는 지윤을 장애인 무리에만 소속시키고 싶지 않았다. 장애인도 사회에 소속된 엄연한 일원이고 사회 속에서 부딪치며 생활해야 하는 사람이다. 그렇다면 비장애인과 섞여서 더불어 살아가는 걸 배우는 것 또한 지윤에게는 꼭 필요한 과정일 것이다.

시간이 흘러서 생각해 보면 그것이 꼭 잘못한 선택도 아니었고 꼭 잘한 선택도 아니었다. 비장애인과 섞여서 더불어 사는 방법에 익숙하기 위해 선택한 일반 학교에서 지윤이 상처 아닌 상처를 입어 마음을 닫게 했던 결과가 초래되기도 했으니까. 그렇지만 지윤이 특수학교에 다녔다고 좋은 것만은 아니었을 것이다. 물론 세상으로부터 보호받아 상처는 받지 않았을지도 모르겠지만 지윤이 더 큰 세상에 나갈 엄두를 내지 못하지 않았을까.

작은 묘목이 자라날 때도 땅속 양분과 햇볕과 비와 같은 순기능적 상태만 지속되는 게 아니다. 변화무쌍한 기후 변화에 강한 돌풍과 가뭄 등의 역기능적 상황이 묘목을 뿌리째 흔들기도 한다. 그래서 나무가 더 굳건히 성장하는 건 아닐까. 군데군데 옹이도 박히고 비틀어지기도 하고 때로 가지가 잘려 나가는 아픔을 겪기도 한다. 한 사람의 삶도 이와 다르지 않을 것이다.

지윤이 '백지윤' 자체로서 성장하는 동안 수없이 선택했어야 하는 많은 갈림길. 순간순간에 지윤은 존재했고 성장했고 나아갔다. 인생의 길잡이가 되어 줄 등대가 환하게 밝을 때도 있었지만 불이 꺼져 캄캄한 상황에서 방향을 잡을 수 없는 순간도 있었다. 하지만 그래도 인생은 멈추지 않고 지속되어 왔고 지윤은 오늘도 그 길 위에 서 있지 않은가 말이다.

생각 주머니가 작은 지윤이지만 춤과 노래는 너무 좋아!

다운증후군은 다른 여러 질병을 동반한다. 지윤도 예외가 아니어서 눈동자가 흔들리는 증상을 치료하기 위해 여러 차례 안과 수술도 받았다. 그렇게 했음에도 난시, 원시, 근시가 다 있어서 시력 장애를 신청할 만큼 눈이 좋지 않은 상태이다.

그렇지만 무대에서는 콘택트렌즈를 낄 수 없는 탓에 지윤이 무대에 설 때마다 엄마 마음은 늘 조마조마하다. 그뿐이 아니다. 혹시라도 있을 수 있는 질식사의 위험을 줄이려고 혀 절개 수술도 받아야 했다. 그런 힘든 와중에서도 지윤은 웃음을 잃지 않고 매사에 긍정적이었다.

"엄마, 누나 방에서 음악 소리가 엄청나게 크게 들려."
"아이고, 우리 지윤이 또 시작인 모양이구나. 호성아, 누나 몰래 우리 한 번 살짝 들여다볼까?"

엄마와 지윤의 남동생 호성은 지윤의 방문을 빼꼼히 열었다. 음악에 맞춰 몸을 흔드는 지윤은 무아지경에 빠진 듯한 모습이다.

"히히히! 엄마, 우리 누나 춤 진짜 잘 춘다. 짱이네!"

남동생의 웃음소리에 지윤이 알아차리고 음악을 꺼 버리고는 방문을 벌컥 열고 두 사람을 향해 밉지 않게 눈을 흘겼다.

"엄마! 호성이, 너! 내가 내 방 들여다보지 말라고 했어? 안 했어?"

지윤은 금세 뾰로통해져서 문을 쾅 닫곤 했다. 평소 춤추고 노래하는 걸 무척이나 즐기던 소녀였다. 고집을 부리고 화를 내다가도 음악에 맞춰 노래를 부르면 언제 그랬냐는 듯 낙천적이다.

지윤은 4~5시간씩 노래하고 춤춰도 지칠 줄 몰랐다. 엄마는 '지윤의 하루 생활 중 80%가 노래와 춤'이라고 할 정도다. 고등학교 다닐 때도 노래방에서 혼자 몇 시간씩 노래를 부르는 게 지윤의 스트레스 해소 방법이자 취미였다. 지윤은 체력을 단련시키기 위해 발레를 하면서도 수영도 배웠고 최근에는 태권도에 푹 빠져 있을 만큼 활동적이다.

가무를 즐기는 사람치고 성격이 모가 난 사람이 없듯이 지윤도 그랬다. 긍정적이고 해맑은 성격을 대변하듯 지윤이 선호하는 색

엄마와 함께

깔도 핑크였다. 그만한 여자애들이 다 그렇듯 지윤도 분홍 공주였다. 발레복은 유난스레 핑크빛이 많았다. 그러니 분홍색을 좋아하는 지윤의 눈에 확 들어올 수밖에 없었으리라. 발레를 처음 접하게 된 시점이 정확히 언제였을까? 몇 가지 기억이 앞서거니 뒤서거니 섞여 있다.

돌이 되기도 전에 다운증후군 진단을 받은 지윤을 엄마는 1997년에 지윤을 장애인으로 등록했고 복지카드도 받았다. 그렇지만 지윤 자신은 장애를 인식하지 못한 채 유치원을 다녔고 초등학교에 입학했다. 한글을 일찍 깨친 탓에 인터넷으로 서치해서 다운증후군이라는 단어는 알고 있을지 몰라도 그게 또래들과 어떤 차이를 가진 장애라는 인식은 없었다. 타인으로부터의 시선을 의식하게 된 것은 초등학교 4학년에 이르러서였다.

"지윤아, 너 다운이냐?"

지윤은 같은 반 친구로부터 질문을 받았다. 지윤은 한마디 대꾸조차 하지 못했다. 질문을 던지는 친구의 표정에서 무언가를 느낀 탓이었다.

"엄마, 내가 다운이야?"

집으로 돌아온 지윤은 정색한 얼굴로 엄마에게 물었다. 엄마는 가슴이 철렁했고 눈앞이 캄캄했다. 언젠가는 이날이 올 거라 예상했지만 막상 지윤의 말간 얼굴을 대하니 눈물이 비어져 나왔다.

"왜? 우리 지윤이, 학교에서 무슨 일이 있었니?"

엄마는 차분하게 물었다. 경위를 정확히 알아야 했다. 엄마는 항상 지윤에게 질문을 하면서 대답을 유도하는 대화를 해 왔다. 그것이 지윤과 소통해 온 엄마만의 방식이다.

"우리 반 친구가 나한테 다운이냐고 물었어."
"음, 그랬구나. 우리 지윤이는 뭘 좋아하지?"
"어어, 나? 나는 춤추고 노래하는 걸 제일 좋아!"
"그렇지. 우리 지윤이는 춤추고 노래하는 걸 참 잘해. 그치? 그 친구는 뭘 잘하는 친굴까?"
"응응, 걘 산수를 정말 잘해."
"오! 그렇구나. 사람은 저마다 각각 좋아하고 잘하는 게 다 달라. 근데 우리 지윤이는 다른 친구들보다 생각 주머니가 조금 작은 것뿐이야. 그 친구는 너한테 그걸 물어본 것뿐이야. 나중에라도 지윤이가 그 친구한테 당당하게 말해 주면 어떨까? 나는 생각 주머니가 작은 대신 춤은 아주 잘 출 수 있다고 말이야."

지윤이를 붙들고 차분하게 설명해 주었지만, 엄마는 걱정에 빠졌다. 반 친구들이 지윤의 다름을 색다르게 인식한다는 신호였기 때문이다. 지윤이가 상처받는 건 시간문제였다. 지윤의 관심을 다른 데로 돌릴 수 있을까? 해결은 생각지도 못한 곳에 숨어 있었다.

<호두까기 인형>의 주인공 클라라를 꿈꾸며

지윤이 열세 살이었을 때였다. 세종문화회관에서 공연한 <호두까기 인형>을 관람한 적이 있었다. 클라라가 선물로 받은 호두까기 인형이 왕자로 변신하는 동화 같은 이야기는 무대에서 꿈처럼 펼쳐졌다. 지윤의 눈에는 모든 것이 신기하게만 보였다. 잠자리 날개 같은 발레복을 차려입은 배우가 아름다운 노래에 맞춰 팽이처럼 빙그르르 선회하며 춤추던 모습이 머릿속에서 지워지지 않았다. 원래도 노래와 춤을 즐기던 지윤이었다.

지윤은 <호두까기 인형> 속 배우들의 모습을 떠올리며 손짓과 발짓을 흉내 냈다. 몸이 기울어져서 넘어지기도 했지만, 음악에 맞춰 춤을 추는 게 너무 재밌고 신났다. 그러던 어느 날이었다.

지윤이 아파트 상가 건물을 지날 때였다. 어디선가 아름다운 음악이 지윤의 귀를 사로잡았다. 상가 건물의 발레학원에서 나는 소리였다. 지윤은 음악이 들리는 곳으로 발걸음을 옮겼고 창문을 통해 안을 들여다보았다. 알록달록한 옷을 입은 아이들 무리는 마치 날아다니는 나비들 같았다. 지윤의 눈에 비친 발레는 그랬다.

"엄마, 나도 저거 하고 싶다."
"뭐?"
"분홍색 드레스에 분홍 신발이 너무 예뻐. 나도 저렇게 예쁘게 입고 춤출래."

지윤이 흥미를 보인 발레는 사실 고난도의 예체능이었다. 지윤의 신체적 조건으로는 균형조차 잡기 힘든 운동이었다. 하지만 지윤이가 원한다면 엄마는 하늘의 달과 별이라도 따 주려는 시늉이라도 할 사람이었다. 상가 건물의 발레학원을 찾아가서 상담을 받았다. 학원 선생님은 직접적으로 거절은 하지 않았지만 에둘러서 거부의 뜻을 내비쳤다. 지윤이가 비장애인 무리에서 발레를 배우는 건 무리라는 게 그 이유였다.

엄마는 포기하지 않았다. 아니 포기할 수 없었다. 지윤을 6학년 반에 넣을 수 없다면 5, 6세의 아동 반에 넣어 달라고 간청했다. 엄마의 간절한 부탁을 차마 거절할 수 없었던 학원에선 허락했고 지윤은 그렇게 원하던 발레학원에 등록했지만, 엄마는 속으로 걱정이 되었다.

"우리 지윤이, 어린 동생들 틈에서 발레해도 괜찮을까? 걔들은 이제 고작 다섯 살, 여섯 살 꼬맹이들이고 너는 언니인데 기분 나쁘지 않겠어?"

"그게 뭐가 어때서? 엄마는 참! 내가 발레를 처음 하는 건데 꼬맹이 반에서 시작하는 건 당연한 거지. 내가 좋아하는 발레만 하면 나는 좋아요!"

엄마는 지윤에게 배울 때가 참으로 많았다. 체면과 겉치레를 목을 매는 사람들과 달리 지윤은 생각이 심플해서 주위 시선 따위에 자신을 꿰맞추는 어리석음은 저지르지 않는 사람이었다.

"그래 맞네. 엄마가 참 어리석었다. 오륙 세 아동 반이면 어때. 지윤이가 발레만 할 수 있으면 되지."

엄마는 외모가 다르다는 이유로 받았던 시선으로부터 입은 딸의 상처를 발레가 치유해 주길 바랐다. 수개월의 시간이 흘렀지만, 지윤은 발레의 기본 동작인 발끝으로 서는 것조차 제대로 하지 못했다. 지윤도 지쳤고, 엄마도 지쳤다. 잠깐의 휴지기가 필요했다.

그러는 사이 지윤은 중학생이 되었다. 4학년 때 이미 친구로부터 다운이냐는 지적을 받은 바 있던 지윤은 그때부터 서서히 또래

?

엄마와 함께

들에게서 멀어지고 있었는지도 모른다.

  중학생이 되었을 때 지윤은 서서히 깨닫기 시작했다. 자신이 가진 장애를 어렴풋이 인식했던 초등학생 때와 달리 인터넷 서치도 구체적으로 할 수 있게 되어 알게 된 사실이다. 비슷한 또래의 아이들과 달리 체력과 인지능력 면에서 한계가 있다는 걸 알게 된 것이다. 사춘기까지 찾아온 지윤은 친구들로부터 받는 시선에 상처를 입었고 아이들로부터도 은근히 따돌림을 당하자 스트레스가 극에 달했다.

  "아니, 지윤아! 손가락이 왜 이 모양이니?"

  벌겋게 피가 내비칠 정도로 살이 패인 지윤의 손가락을 발견한 엄마는 깜짝 놀라서 소리쳤다.

  "그냥, 짜증이 나고 화가 날 때마다 물어뜯어서 그래."

  지윤은 엄마를 외면하고 그늘진 표정으로 중얼거렸다. 학교에서 딸이 왕따를 당하는 것을 알고 있었던 엄마는 지윤에게 더는 캐묻지 못했다. 엄마는 지윤의 손가락을 치료하면서 쓰린 가슴을 애써 눌렀다. 살에 파인 상처는 약으로 치료할 수 있었지만, 지윤의 마음에 입은 상처는 자꾸 깊어지는 듯했다. 엄마는 지윤을 일반 학교에 보낸 걸 처음으로 후회하기도 했다.

"엄마, 나 발레 다시 할래. 발레 연습할 때 음악을 들으면서 집중하게 되거든. 그 시간 동안은 학교에서 생긴 일을 잊을 수 있을 거 같아요."

마음에 입은 상처 때문에 도통 입을 열지 않았던 지윤의 표정이 어느 때보다 간절하고 진지했다. 엄마는 겉으론 밝은 미소로 딸을 위로했지만, 속으론 눈물이 하염없이 쏟아지고 있었다. 생각주머니가 작은 어린 딸도 스트레스를 이겨 내기 위한 돌파구를 열심히 찾았던 모양이다. 그러고 보면 지윤에게 발레는 보이지 않는 끈으로 연결된 하나의 숙명이었는지 모른다.

지윤을 위해 이민을 결심하다

다시 시작하게 된 발레였지만 지윤의 실력은 초등학교 6학년 그대로였다. 몸만 자랐을 뿐 여전히 유아반에서 발레 수업을 받아야 했다.

발레는 유치원생에서부터 초등학생 1, 2학년 여자애들이 한 번쯤 거쳐 가는 예체능이었다. 성장 발육에 도움이 되고 여자애들 체형을 잡아 주는 의미에서 유행한 사교육의 하나였다. 초등학교 5, 6학년과 중학생 여자애들이 발레를 하는 경우는 대학 무용과 전공을 목표하는 예체능 입시생이 대부분이었다. 그쯤 되면 발레 실력도 만만치 않은 예술 중학교 아이들도 제법 많았다. 지윤은 중학생이었지만 입시 위주로 발레를 하는 아이들 수준을 따라잡을 수는 없었다.

앞서도 언급했지만, 오히려 지윤은 그런 제도적인 관례 따위에는 관심이 없는 자존감 높은 소녀였다. 본인 실력에 맞춰 발레를 즐기는 지윤의 모습은 참으로 당당했다. 남의 눈을 의식하지 않

발레리나에서 배우로 변신한 백지윤

는 지윤의 이러한 당당함이 기회를 열어 준 셈인 걸까?

지윤이 다니는 발레 무용학원에서 어린이 예술학교가 개최하는 공연에 참여하게 된 것이다. 아동반 수강생이었던 지윤이도 무대에 설 수 있었다. 무대에서 발레를 선보인 지윤이 경향신문에 보도되었고 사회적 이슈가 되었다. 지윤이 최초의 발달장애인 발레리나라는 점이 세간의 이목을 끈 것이다. 섬세하고 우아한 동작이 요구되는 발레는 신체 특성상 균형 감각이 불안하고 시력 장애도 심한 발달장애인에게는 고난도의 무용이었다. SBS의 〈피플: 백조가 된 미운 오리 새끼〉에서도 발달장애인 발레리나 백지윤이 소개되기에 이르렀다.

"안녕하세요? 발레리나 백지윤 양의 어머님 되시죠?"
"네 맞습니다만, 무슨 일이시죠?"
"저는 KBS 방송국의 〈인간극장〉 프로그램의 피디입니다. 지윤 양을 저희 프로그램에서 섭외하고 싶어서 전화를 드렸습니다. 한번 뵙고 자세한 말씀을 드리고 싶은데 괜찮으시겠습니까?"

뜬금없는 제안이었다. 지윤이 몇 번의 공연에서 발레를 선보였고 그것이 사회적 이슈가 된 때문일 것이다. 누군가 그랬다. 자고 일어나니 세상이 알아주는 스타가 되어 있더라고. 스타까지는 아니었지만, 지윤도 하루아침에 여기저기서 출연 요청을 받는 사람

강수진 발레리나와 만남

이 된 것이다.

학교의 교우 관계에서 왕따를 당했던 지윤은 사람이 싫다는 말을 수시로 했다. 그러던 차에 발달장애인 최초의 발레리나라는 타이틀로 세상에 드러남으로 인해 사람을 꺼리던 지윤의 사고가 전환되길 바랐다. 엄마의 작은 소망이었다. 하지만 자칫 지윤의 진솔한 모습은 가려지고 부풀리고 포장되어 방송용으로 전락시키는 게 아닐까 하는 두려움이 들었다. 그런 까닭에 엄마는 〈인간극장〉 출연 요청을 거절했다. 감사하게도 〈인간극장〉 작가는 엄마의 마음을 충분히 이해한다면서 더는 출연을 권하지 않았다.

"우리 애가 중학교 3학년 때 왕따를 당했어요. 그 이후로 아이가 입을 닫아 버렸고 대인기피증까지 생겨 버리더라고요. 정말 속상해요."

"네, 그랬군요. 우리 지윤이도 사람이 싫다는 말을 수시로 하고 있어요. 애가 얼마나 스트레스를 받았으면 하도 손가락을 잡아 뜯어서 살이 다 파일 정도였겠어요."

"한국은 장애인 자식을 키우기에 너무 힘든 나라에요. 경제적으로만 선진국 대열에 가면 다인가요. 장애인에 관한 사회의식은 저기 아래 후진국만도 못한 걸요."

같은 상황에 놓인 어머니들과 대화를 나누다 보면 지윤이 앞으로 가야 할 길의 장단점이 보였다. 결단을 내려야 할 시점이었다.

엄마가 지윤에게 발레를 시킨 목적도 한 가지였다. 심리적 안정과 사람을 향해 닫혔던 마음을 열리도록 유도해서 상처받은 지윤을 치유하고자 함이었다. 그런 엄마의 노력에도 한국 사회가 달라지지 않는 한 지윤의 힘든 미래는 불 보듯 뻔했다.

처음에는 캐나다 이민을 생각했다. 마침 지윤의 이모님이 캐나다에 살고 있어서 어렵지 않게 사전 답사를 할 수 있었다. 지윤이 지낼 만한지 미리 탐색해 본 거였다. 언니 집에 머물면서 엄마는 캐나다 마트에서 중국계 다운증후군 아이를 우연히 마주하게 되었다. 캐나다는 암암리 동양인에 대한 차별이 있는 나라였고 거기다 발달장애인이라는 이중의 차별을 받는 장면을 눈앞에서 경험한 것이다.

"너희 가족이 여기 와서 살게 되면 우선 안정된 생활 기반을 위해 몇 년은 고생할 각오는 해야 할 거다."
"언니도 알잖아. 우리 식구가 캐나다에서 잘 살기 위해 이민을 오고자 하는 게 아니라는 걸. 오로지 우리 지윤이를 장애로 차별받지 않는 세상에서 살게 하고 싶어서란 말이야."
"지윤이 때문이라면 조금 더 일찍 이민을 왔어야 했어. 지금은 시기적으로 너무 늦었다. 차라리 지윤이가 어렸을 때 와서 너희가 기반을 빨리 잡았다면 지금쯤은 지윤이한테 몰입할 수도 있었을 텐데 말이야."

이모님의 실질적인 조언에 부모님은 난관에 봉착했다. 한국의 학교생활에서 상처를 입은 지윤이 계속 한국에서 교육을 받는다면 지윤의 선배들이 겪는 고통을 겪지 않으리란 보장이 없었다. 지윤의 원래 밝은 성격을 되찾아 주고 상처받은 마음을 치유할 수 있는 방법을 찾아야 했다. 문을 두드려라, 그리하면 문은 열릴 것이다. 부모님은 그 말만을 믿고 또 믿었다.

필리핀 유학에서 찾게 된 또 가능성

두 번째 선택한 곳이 바로 필리핀이었다. 엄마와 지윤은 2006년 8월에 필리핀 체험을 하기 위해 6개월간 어학연수를 떠났다. 그곳에서 기숙사 생활을 할 때 지윤이가 영어에 재능이 있다는 걸 알게 되었다. 또한 캐나다보다 교육비와 생활비도 훨씬 저렴했기 때문에 필리핀에서 지윤네는 넉넉하게 생활할 수 있었다. 더군다나 필리핀에서 한국인은 무척 대우를 받는 외국인이었다. 지윤을 양육하기에는 모든 면에 적합한 나라였다.

마침내 2007년 가족은 필리핀으로 이민을 갔고 지윤은 3월 필리핀 '세이트조셉' 학교에서 공부할 수 있게 되었다.

엄마도 한국에서는 오로지 지윤에게만 매달려 있어야 했다. 하지만 필리핀에서는 우리나라 돈으로 10만 원 정도의 비용만 들이면 지윤의 친구이자 개인 돌보미 역할을 해 주는 '아떼'가 있어서 지윤도 좋았고 엄마도 개인 시간을 찾을 수 있었다. 아떼가 지윤

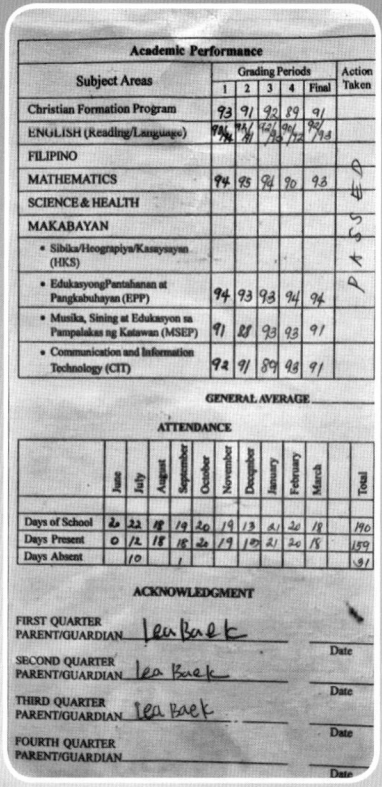

세이트조셉 학교 성적표

의 생활 전반을 관리해 주는 덕분에 한국 학교에서처럼 따돌림을 당하는 일도 없었다.

한국에서 두각을 나타냈던 지윤의 발레를 필리핀에서도 계속 키워 주기 위해 엄마는 일부러 할릴리-크루즈 발레학교 근처에 집을 마련했다. 지윤은 일반 학교와 발레스쿨을 병행함으로 학업과 함께 발레도 지속할 수 있었다. 학교에서의 영어 성적도 뛰어났던 지윤은 언어의 어려움이 거의 없을 만큼 능통했다.

필리핀에서 생활하면서 한국과 다른 필리핀의 의식 수준에 감탄한 일이 여러 번이었다. 비록 경제적으로는 한국에 미치지 못한다고 하더라도 사람을 대하는 예의와 의식은 선진국 수준이었다. 할릴리-크루즈 발레학교는 한번 해외 공연을 하면 우리나라 돈으로 거의 1천만 원이 들었고 1년에 서너 번씩 공연을 할 정도로 부유한 집의 자녀들이 다니고 있는 학교였다. 물론 지윤은 그런 공연은 엄두를 내지 못했다. 그렇게 경제적으로 부유한 학생이 다니는 학교였지만 학부모들조차 장애아에 대한 편견이나 선입견이 0.1도 없었다.

"지윤 어머님, 아시죠? 우리나라 독립기념일 공연에 지윤이도 참가합니다."

"네네, 선생님. 알고 있습니다. 우리 지윤이는 다른 학생보다 실력이 아무래도 부족하니까 뒷자리로 배치해 주세요."

?

할릴리-크루즈 발레학교 공연

할릴리-크루즈 발레학교 공연

"노노! 어머님, 저희는 그렇게 하지 않습니다. 지윤이는 다른 학생들과 똑같은 위치와 자리에서 공연을 펼칠 겁니다."

필리핀에서 독립기념일은 국가 차원의 행사였기 때문에 할릴리-크루즈 학교의 공연은 공영방송까지 전파를 타는 데도 무대에 지윤을 앞세우는데 아무런 제재가 없었다. 우리나라 같으면 상상도 할 수 없는 일이다. 학교에서는 용인하더라도 무대에 함께 서는 아이들 엄마들이 자기 자식의 발레 공연을 망친다고 싫어했을 게 분명하다.

"마리아, 엑설런트! 너무 훌륭하다!"
"뷰티풀! 원더풀! 지윤이 정말 잘했어요!"

공연을 마치고 나오는데 필리핀 엄마들은 하나같이 지윤에게 격려와 칭찬을 아끼지 않았다. 마리아는 백지윤의 세례명이다. 지윤은 필리핀에서도 신앙의 끈을 놓지 않아서 세례명으로 부르곤 했다.

한 번은 학교 개교기념일 기념식에 지윤이 첫 번째 발레 출연자가 되기도 했다. 그때 학생 전체가 모두 기립해서 관람했을 뿐 아니라, 공연이 끝났을 때도 우레 같은 박수 세례를 받았다. 물론 필리핀이 장애인에 관한 국민 의식이 높기도 했지만, 지윤 개인의 노력도 지대한 영향을 끼쳤다는 건 누구도 부정할 수 없는 사실이다. 지윤은 자신의 장애를 받아들이는 동시에 자신이 하고자 하는 모든 일에 열성과 에너지를 쏟는 사람이다. 꾸준함과 성실함에는 지윤을 당할 사람이 없다고 해도 과언이 아니었다. 이런 지윤의 노력과 열정의 결과로 세이트조셉 학교에서 모범학생에게 주는 표창장을 받는 기쁨을 누리기도 했다.

필리핀이 분명 경제적으로 낙후되어 있고, 생활이 어려운 분들이 많다는 것도 알고 있다. 하지만 교육을 받고 부를 누리는 사람들의 문화와 의식 수준은 우리나라 부와 명예를 누리는 부류와는 많은 면에서 달랐다. 때때로 우리나라는 약자를 향한 동정을 배려라고 착각해서 약자가 상처받는 일이 참 많다. 물론 우리나라도 훌륭한 인격의 사람들도 많지만 전체적인 사회 분위기를 말하는 것이다.

대형몰을 운영하는 중국계 필리핀 갑부 한 분도 자신의 생일에 난지도의 어려운 분들에게 잔치를 베푸는 모습도 봤다. 노블레스 오블리주를 실천하는 일례가 될 수 있을 것이다. 그런 사회적 분위기에 지윤도 필리핀에서 봉사와 나눔을 실천했다. 지윤도 그 무렵 필리핀 까리따스 수도회 수녀님들과 함께 빠야따스 난지도촌에서 봉사 활동을 하기도 했다.

"엄마, 나는 참 감사해요. 엄마가 나를 버리지 않아서 감사하고

생일 파티

할릴리-크루즈 발레학교 수료증

?

필리핀 까리따스 수도회 수녀님들과 함께 빠야따스 난지도 촌 봉사 활동

요, 타인을 도울 수 있는 나로 자랄 수 있게 해 주셔서 또 감사하고요."

필리핀에서 타인을 도우면서 지윤은 자신의 장애를 극복하고 스스로가 승화되고 있는 기쁨을 누리기도 했다.

나중에 한국에 돌아와서도 시각장애인들의 교육기관 〈헬렌켈러〉에서 그들과 함께 생활하기도 했다. 그곳에서도 역시 지윤은 많은 도전과 깨달음을 얻었다.

그 외에도 지윤은 장애가 있어 부모에게 버림받은 아이들이 생활하는 〈디딤자리〉 장애 영유아 시설에서 봉사 활동을 했다. 어린 나이에 부모의 사랑을 받지 못한 아이들이 그곳에 있었다. 아이들은 두려움과 상처가 가득했지만, 지윤은 그들에게 조금이라도 희망을 줄 수 있는 존재가 되고 싶었다. 매일 아이들과 함께 웃고, 울고, 아이들의 손을 잡으며 조금씩 마음을 열고 소통했다. 마음을 열어 갔다.

비장애인들과 겨루는 무대에서 동상을 받다

　3년의 필리핀 유학 생활을 마치고 한국으로 돌아왔을 때가 2009년 9월이었다. 혹독한 사춘기 시절을 필리핀에서 보낸 지윤의 몸과 마음이 어느 정도는 회복된 셈이었다. 중고등학교 교육이 6년인 우리나라와 달리 필리핀은 각각 2년으로 중등교육이 4년제였다. 지윤이 중학교 2학년에 필리핀에 이민 가서 나머지 1년의 중등과 2년의 고등학교 과정을 마치긴 했지만, 한국에선 고등학교가 3년인 탓에 필리핀의 고등 과정 졸업으로 인정해 주지 않았다. 그래서 한국에 돌아왔을 때 집 근처의 혜화여자고등학교로 전학해서 2학년부터 학업을 이어 나가야 했다.

　학교에 다니면서도 지윤은 발레 연습을 게을리하지 않았고 어릴 적부터 배웠던 수영 실력도 수준급에 이르렀다. 2010년 제4회 전국장애학생 체육대회 서울 고등부 여자 대표로 수영 경기에 출전하여 100m 자유형에서 동상을 수상했고, 100m 배영에서는 은상을 수상하는 영예를 얻기도 했다. 몸의 균형 감각과 건강을

2010년 전국장애학생 체육대회 서울 고등부 여자 대표로 출전

생각해서 시작한 운동이었지만 지윤의 꾸준한 노력과 열정이 결과로 나타난 것이다.

발레면 발레, 수영이면 수영, 영어면 영어 등 지윤이 하려고만 하면 세상은 조금씩 지윤에게 길을 열어 주고 있었다. 한 발 떼어 놓으면 이루고 싶은 꿈이 저만치에서 지윤에게 손짓하고 있는 듯했다. 욕심과는 다른 차원의 열망이었다. 고등학교 때 지윤은 전국 장애인 댄스대회에 나갔다가 그를 눈여겨본 국립발레단장으로부터 국립발레단 아카데미 오디션 참가를 제안받았다. 아카데미에 합격한 지윤은 비장애인들과 함께 연습하며 발레를 기초부터 다시 배웠다.

고등학교 졸업이 다가오자 지윤은 대학에서 발레를 전공하고 싶다는 꿈이 생겼다. 갈고닦은 발레 실력이 지윤에게 대학 입학의 꿈을 이뤄 줄 수 있을지 모른다는 기대를 품어 보기도 했다.

"엄마, 나도 대학엘 가야지 않겠어?"
"그럼, 우리 지윤이도 대학에 가긴 가야지. 그렇지만……."

고등학교 3학년이라면 당연한 일상의 다반사가 지윤에게는 철벽일 때가 너무 많았다. 하지만 꿈꾸는 자에게 세상은 길을 열어 주는 걸까.

지윤이 한국문화예술교육총연합회에서 주최하는 고등부 클래식 발레 콩쿠르에 출전하게 되었다. 한국문화예술교육총연합회 발레 콩쿠르는 장애인 선수만 출전하는 대회가 아니었다. 대학 입시를 앞둔 지윤은 무용과에 입학하기 위해 자신과 비슷한 또래의 아이들과 경쟁 무대에 서게 된 것이다. 그즈음 지윤한테 KBS 프로그램인 〈인간극장〉에서 다시금 섭외 요청이 왔다. 필리핀을 가기 전에도 출연 요청을 받았지만, 엄마가 완곡히 거절한 바 있었다.

그런데 필리핀 유학 시절에도 〈인간극장〉 작가님이 종종 지윤과 지속적인 연락을 주고받았으며 피디님은 필리핀의 지윤네로 직접 찾아오기도 했다. 단지 자신들의 프로그램을 위해 백지윤을 방송용으로 포장하려는 분들은 아니라는 생각이 들었다. 지윤과 엄마는 비로소 〈인간극장〉의 출연 요청을 받아들였다. 5부작으로 구성된 〈인간극장〉 3부에 한국문화예술교육총연합에서 주최하는 고등부 클래식 발레 콩쿠르 출전 장면이 그대로 전파를 탔다.

드디어 2010년 7월 결전의 날이 왔다. 지윤과 엄마는 긴장감으로 손에 땀이 났다. 방청석에선 아빠와 지윤의 남동생도 지윤을 열렬히 응원했다. 지윤이 준비한 지젤 발레곡이 울려 퍼졌고 지윤이 무대로 나아갔다. 긴장 속에서도 그동안 열심히 갈고닦은 실력을 최선을 다해 펼치고 있었다. 〈인간극장〉 촬영 팀이 자신을 찍고 있다는 생각조차 새까맣게 잊어버릴 만큼.

다음 동작으로 막 손을 뻗으려는 순간 정적이 흘렀다. 음악이 딱 멈춘 것이다. 허공에 뻗친 지윤의 손이 멈칫했다. 순간 머리가 하얘졌고 눈앞이 캄캄했다. 관람석에서도 웅성거리는 소리가 났다. 아빠와 남동생도 어리둥절한 채 걱정스럽게 지윤을 바라보았다. 무대 커튼 뒤에서 선생님과 엄마가 손짓하는 게 보였다. 지윤은 당황한 빛을 최대한 감추고 무대 뒤로 퇴장했다.

"엄마, 선생님! 갑자기 이게 무슨 일이에요."
"지윤아, 엄마도 지금 너무 놀라서 말이 다 안 나와."

지윤은 차분히 기다렸고 두 손을 가슴에 얹은 엄마도 애써 침착하려고 마음을 다잡았다. 선생님이 사태를 파악하기 위해 분주히 왔다 갔다 하셨다.

"CD가 금이 가서 음악이 멈췄다는구나. 지윤아, CD를 다시 틀어 준다고 하니까 음악이 나오면 다시 나가서 잘 마무리를 할 수 있겠지?"

CD가 금이 가다니! 초유의 사태가 벌어진 거였다. 하지만 지윤은 금세 안정을 되찾았다. 문제를 알아냈다면 오히려 해결 방법은 쉬울 테니까 말이다. 발레학원에서는 발레곡 CD 두 개를 준비해서 대회에 참가하는 게 일반적이었다. 혹시나 모를 사고에 대비하기 위해서다. CD 한 개가 금이 가서 음악이 멈췄지만, 비상용으로 준비한 CD로 다시 플레이하면 되는 일이었다. 끊어진 흐름

지젤(문예총 공연)

을 이어받아 뒷부분을 무사히 마쳐야 한다는 부담감은 지윤이 감당할 몫이었다. 엄마와 선생님이 지윤의 어깨를 감싸며 용기를 주었다.

무대에 음악이 다시 울려 퍼졌고 지윤은 숨을 고르고는 무대로 사뿐히 뛰어나갔다. 이를 지켜본 관객석에선 격려의 박수가 쏟아졌다. 지윤도 기도하는 마음으로 무대에서 나비처럼 날아올랐다. 지윤이 준비한 지젤 발레를 끝까지 마무리할 수 있었다.

'다, 예수님 덕분이에요. 하느님도 곁에서 지켜 주셔서 감사해요.'

지윤은 안도의 숨을 쉬며 속으로 감사 기도를 드렸다. 결과는 기대했던 이상이었다. 비장애인과 당당히 겨룬 무대에서 지윤은 동상의 영예를 안았다. 당사자인 지윤은 물론이거니와 엄마와 선생님, 그리고 아빠와 남동생도 너무 좋아서 환호를 질렀다. 친가와 외가의 조부모님들도 눈물을 흘리면서 좋아하셨다.

한국문화예술교육총연합회 콩쿠르 여자고등부 발레 동상 수상이 대학 입학에 가산점이 될 줄 알았다. 비장애인 입시생에게도 주어지는 당연한 가산점이었으므로. 그런데 대학 무용과에선 지윤의 수상 성과를 하나같이 인정해 주지 않았다. 엄마는 무용학과가 있는 대학교 명단을 만들어서 일일이 전화하고 입학 상담을 요청했다. 지윤이 그동안 활동했던 자료를 들고 찾아다니면서 열

디지털서울문화예술대학 졸업식

디지털서울문화예술대학 졸업식

심히 설명했지만, 대학의 무용학과에서는 다운증후군 장애 학생이 입학한 적이 없다고 하면서 지윤이 대학 과정에서 발생할 수 있는 문제점만 늘어놓았다.

"지윤아, 우리 포기하지 말자. 문을 열심히 두드리면 열리는 문이 반드시 있을 거야."

엄마는 포기하지 않았고 결국 지윤이 갈 수 있는 대학을 찾아냈다. 바로 이론과 실기 수업을 겸하는 사이버대학이었다. 지윤은 2011년 디지털서울문화예술대학 무용과에 당당히 입학했다. 엄마는 지윤을 사랑하는 마음만으로는 부족함을 깨닫고 사회복지 공부를 해서 국가전문자격시험을 보고 사회복지사가 되기도 했다. 장애가 있으니 도와 달라고 부탁하는 것이 아니라 장애인이 누려야 할 권리를 당당히 요구하며 지원 내용을 설명하는 것이 바람직하다는 것을 알았기 때문이다.

"발레리나의 꿈을 이뤄 나가는데 장애는 방해물이 아닌 동반자예요. 무대에서 행복하게 춤추는 발레리나로 영원히 남고 싶어요."

2015년 대학을 졸업할 때 지윤이 남긴 소감이었다.

기적의 지젤로 불리다

지윤이 발레를 시작한 1차 목적은 심리적 안정과 마음의 치유였다. 그 후 지윤은 무대에 서겠다는 목표가 생겼던 거다. 목표가 생기면 그걸 향해 나아가는 게 사람이다. 다운증후군 장애인 지윤이 성장하면서 타인으로부터 받아 온 시선이 차별과 따돌림이었다면, 무대에서 처음으로 사람들로부터 박수와 환호를 받은 것이다. 지윤이 엄마에게 한 말이 있다.

"엄마, 사람들이 나를 보고 웃었어. 나를 향해 박수도 보내잖아. 엄마, 힘들어도 나는 발레를 계속할 거야."

지윤의 얼굴은 자신감으로 반짝반짝 빛이 났다. 사실 지윤의 발레 실력이 비장애인과 비교할 때 월등히 잘하는 건 아니었다. 균형 감각과 근육과 시력으로도 지윤이 발레를 잘 할 수 있는 조건은 결코 아니었다. 지윤의 건강 상태로는 발레를 하기에는 많

국립발레단아카데미 공연 <꽃의 요정>

71
발레리나에서 배우로 변신한 백지윤

은 무리가 따르기도 했다. 하지만 발레를 통해 인정받았기에 지윤은 그 매력에 푹 빠진 거였다. 비장애인도 타인에게 인정받지 못하고 소외당하면 심리적으로 위축되게 마련이다. 없는 장애도 나타날 수 있는 법이다. 그녀가 발레로 성과를 냈다면 그것은 사람들의 인정과 격려가 큰 몫으로 작용했던 거라고 믿는다.

문예총 클레식 발레 동상 수상에 이어 디지털문화예술대학교 클레식 발레에서도 지윤은 동상을 수상했다. 지윤의 이러한 열정이 전해져 사단법인 다운회에서 지윤에게 모범 표창장이 주어지기도 했다.

2013년 평창 동계 스페셜올림픽 문화행사로 평창 알펜시아리조트 콘서트홀 무대에 발레리나 지윤이 설 수 있었다. 2분가량 이어진 지윤의 발레 〈지젤〉 공연이 끝나자 관객의 박수갈채가 쏟아졌다. 이날 지윤이 소화한 안무는 〈지젤〉 중 페전트 파드되(소작농 2인무)의 여자 솔로였다.

국립발레단이 주축이 된 행사에서 지윤은 당당히 한자리를 차지했다. 그 공연으로 지윤은 사람들에게 '기적의 지젤'이라고 불리었다. 지윤은 경쾌한 지젤의 음악을 좋아했고 지젤이 로이스와 키스 장면 또한 지윤이 좋아했다. 정말 의미 있고 뜻깊은 무대였다. 우리나라 최고의 발레리나들과 한자리에서 공연할 수 있었고, 장르는 다르지만, 스페셜올림픽에 참가하기 위해 한국에 온 전 세계 발달장애 친구들과 함께할 수 있어서 지윤에게도 큰 기쁨이

평창 동계 스페셜올림픽 개막 공연 <지젤>

73
발레리나에서 배우로 변신한 백지윤

?

엄마와 함께

되었다.

엄마는 지윤의 공연을 편안하게 앉아서 본 적이 없다. 혹시나 무대에서 무슨 일이 생기지는 않을까 조바심 내며 무대 장막 뒤에 서서 딸의 뒷모습을 말없이 바라보곤 한다. 어느 인터뷰에서 엄마는 자신의 솔직한 심정을 토로한 적이 있었다.

"지윤 씨 본인이야 발레에 집중하느라고 관객석에 신경을 쓰지 않겠지만 어머님은 관객들의 반응도 일일이 체크하시겠네요."

인터뷰를 요청한 기자가 엄마에게 질문했다.

"아니요, 무슨 말씀을요. 제가 관객 반응에 신경 쓸 틈이 어디 있어요. 무대에서 우리 지윤이가 잘 할 수 있을지, 혹여 실수는 하지 않을지, 매 순간이 초조하고 걱정이 되는 걸요. 저는 오로지 우리 아이만 보여요. 지윤의 작은 동작과 행동에만 온통 초점이 맞춰져서 아무것도 안 보이고 무슨 소리도 들리지 않아요. 제 관심이 잠깐이라도 아이에게 떠나면 안 될 것 같아요. 무대에서 힘들게 공연하는 아이에게 엄마인 저라도 힘을 보태고 에너지를 주고 있어야 한다는 생각뿐인 걸요."

"인터뷰하는 동안 제가 느낀 건데요, 어머님이 어떤 분이실까 참 궁금해지네요."

"네? 우리 지윤이가 궁금한 게 아니라 제가 궁금하다고요? 그게 무슨 말씀이신지……."

"이런 말이 어떻게 들리실지 몰라 죄송한데요. 장애를 가진 지윤 씨를 20년 넘게 키우시면서 어쩌면 이렇게 표정이 밝으세요. 어머님을 웃게 하는 에너지의 원천이 무엇일까요?"

"기자님이 그렇게 봐주셨다면 감사합니다. 글쎄요. 저도 그냥 평범한 엄마예요. 비장애인 자식을 사랑하는 여느 엄마들처럼 똑같이요. 자식을 사랑하는 엄마의 마음이 저를 이끌었던 거죠. 나의 사랑이 우리 지윤일 지키고 있는 거겠죠. 부모는 자식이 잘 커주는 모습만 봐도 없던 힘도 막 생기기 마련이거든요. 저는 딸의 꾸밈 없는 모습을 사랑해요. 사람들은 장애가 있는 아이를 키우면 힘들 거라 속단하지만, 사실 제가 한 고생은 여느 부모들이 비장애인 자식 키우면서 겪는 고생과 다를 게 하나도 없어요. 자식이 공부를 잘하면 힘들게 뒷바라지를 해도 뿌듯하고, 자식 바라보면서 버틸 수 있는 게 부모들이잖아요."

기자는 엄마의 말에 저절로 머리를 끄덕였고 얼굴을 붉혔다. 기자의 머릿속에도 장애와 비장애인을 키우는 부모의 마음은 다를 것이라는 편견이 자리 잡고 있었던 게 아닐까? 엄마는 곧이어 다음 말을 이어 나갔다.

2013 평창 동계 스페셜올림픽 자원봉사 참여증서

"사실, 아이의 선천적인 장애보다는 성장하는 과정에서 또래와 사회로부터 받은 차별과 소외가 더 큰 장애를 만드는 게 아니었나 하는 생각이 들어요. 지윤이가 발레를 해서 당당해진 게 아니라, 발레리나로 받은 인정이 아이의 자존감을 키워 줬고, 그 자존감이 한계를 뛰어넘는 힘이 된 게 아닐까요? 비장애인보다 더 큰 사랑을 필요로 하는 게 장애인일 거예요. 상처받은 사람의 마음을 치유하고 성장하게 하는 유일한 방법은 오직 사랑뿐이라는 걸 지윤을 키우면서 깨달았거든요. 저도 우리 지윤이를 통해 많이 배운답니다."

엄마는 환한 미소를 지으며 인터뷰를 마쳤다.

지윤을 통해서 배운다는 엄마의 말은 맞았다. 2013년 평창 동계 스페셜올림픽 세계대회에서 지윤은 자신의 영어 실력을 살려 자원봉사에 참여했으니까 말이다.
사람들은 흔히 나눔과 자선은 부유한 자들만의 전유물이라고 생각한다. 하지만 가난하고 힘든 분들이 나누고 베푸는데, 앞장서는 사례는 참 많다. 필리핀의 '빠야다스'에서도 장애아를 도왔던 지윤이었다. 자신의 위치에서 할 수 있는 봉사를 실천하는 지윤이야말로 봉사의 아이콘이 아닐까 여겨진다.

시련은 있어도 불가능은 없다

지윤에게 엄마는 자신의 손과 발이었고 때로 지윤과 동일시되는 분이었다. 어느 순간에도 엄마는 자신보다 지윤이 첫 번째였다. 다운증후군 자녀를 둔 부모님은 그럴 수밖에 없다. 인지능력이 떨어지는 것은 둘째치고 신체적으로도 모든 기능이 허약하므로 항상 건강과 체력에 마음을 놓을 수 없었다. 그런 이유로 엄마는 자신의 건강은 돌볼 생각을 하지 않았다. 인생에서 방심은 금물인 걸까? 건강검진을 받은 엄마의 몸에 어떤 징후가 발견되었고 유방조직검사를 하게 되었다.

"이명희 님, 너무 놀라시진 마십시오."

결과를 통보하는 의사의 놀라지 말라는 말에 엄마는 더 긴장되었다.

"왜요? 선생님. 뭐가 많이 안 좋은가요?"

엄마의 머릿속에 가장 먼저 떠오른 사람은 말할 것도 없이 지윤이었다. 엄마는 유방암 진단을 받았다. 수술만 하면 완치가 가능한 단계여서 그래도 다행이었다. 그때 엄마가 느낀 것은 두려움이었다.

"지윤 아빠, 이번에 내가 수술을 받고 나니까 겁이 나네."
"당신 많이 힘들었구나. 의사도 다 나았다고 하니까 이젠 불안해하지 마."
"나 때문이 아니고."
"당신 때문이 아니면? 지윤이 때문에?"
"응, 이번엔 하느님 은혜로 다시 건강해졌지만 만약에 말이야. 정말 이건 만약인데, 지윤이만 놔두고 우리 부부가 잘못되면 혼자 남겨진 우리 지윤인 어떡하지?"

아빠는 어두운 표정으로 입을 다물었다.

"그래서 말인데, 우리가 이렇게 건강할 때 지윤이가 자립할 수 있는 연습을 시켜 놔야지 내가 마음을 좀 놓겠어."

지윤이 어느새 스물셋의 성인이 되었지만, 엄마에게 지윤 인생

?

81
발레리나에서 배우로 변신한 백지윤

의 선행 학습 프로젝트는 여전히 현재 진행형인 셈이었다.

"그래서, 당신은 지윤일 집에서 내보내자는 거야?"

엄마는 결연한 표정으로 고개를 끄덕거렸다. 지윤의 양육과 교육을 엄마에게 전적으로 맡겨 온 아빠였다. 시행착오를 거친 엄마의 노력이 지윤을 통해 여러 면에서 성과로 나타낸 걸 아빠도 인정하지 않을 수 없었던 거다. 지윤이 다른 다운증후군 아이들보다 대중교통을 잘 이용할 수 있는 것도 다 엄마의 노력이었으니까.

엄마는 지윤이 가야 할 목적지와 장소를 동행하면서 지하철 노선과 버스 번호를 수없이 가르쳤다. 가르침이 일정한 단계에 이르면 엄마는 지윤을 혼자 보내기에 이르렀다. 사실 위험 부담이 큰 일이었다. 지윤을 홀로 보내 놓고 엄마는 딸 모르게 그 뒤를 따랐다. 그렇게 몇 차례 반복하면 지윤도 그 길을 익혔고 나중에는 엄마의 도움 없이도 곧잘 길을 찾아갔다. 지윤이 길을 완전히 익혔다는 믿음이 굳건해져 집에서 딸의 무사 귀환을 기다렸지만, 그동안도 엄마는 좌불안석으로 초조감을 감추지 못했다. 그런 엄마를 보다 못한 남동생이 일침을 놓을 때도 있었다.

"엄마도 참! 누나를 그렇게 못 믿으면서 왜 혼자 보냈어요? 그렇게 걱정을 할 거였으면 아예 데려다주고 오든지."
"아니야, 호성아. 엄마도 누나 믿어. 우리 지윤이가 누구 딸이고 누구 누나인데."

가족의 믿음이 너무 컸던 걸까? 지윤이 결국 길을 잃어 집을 찾아오지 못해 헤매기도 했다. 결국 무사히 집으로 돌아오긴 했지만 집을 잃고 헤매던 순간을 떠올리면 가슴이 서늘하다.
엄마는 딸의 길 찾기 훈련을 시켰던 그 마음으로 발달장애인의 자립 과정에 관해 자세히 알아보았다.

"사회복지사 한 분이 24시간 함께 지내면서 대여섯 명의 장애인과 공동가족을 이루는 그룹 홈 형태가 첫 단추입니다."
"선생님, 그룹 홈에선 어떤 교육이 이루어지나요?"
"일상생활을 영위할 수 있도록 세세한 걸 학습시킵니다. 청소기 사용법에서부터 세탁기 돌리는 법까지요. 마트에서 장보기도 해 보고 쓰레기 분리수거도 철저히 교육합니다."
"선생님, 그다음 단계는요?"

엄마는 선생님의 말씀을 하나도 놓치지 않겠다는 표정으로 공책에 꼼꼼하게 메모했다. 그룹 홈 생활이 가능하면 2단계가 반자립 형태이다. 발달장애인 두 사람이 한 공간에서 생활하게 하고 사회복지사는 오전에 들러 일상생활이 잘 이루어지는지 체크만

해 준다. 그 생활이 원활해지면 싱글로 완전히 자립할 수 있게 되는 것이다. 지윤은 자립 과정을 다 이수했다. 처음으로 가족과 떨어져서 홀로 살게 된 지윤도 은근히 기대에 부푼 것 같았다. 부모를 떠나 혼자 살아 보는 것은 성인이 된 비장애인들에게도 하나의 로망일 수 있었다.

정릉인 집에서 멀지 않은 보문동에 오피스텔을 얻었고 지윤의 독립생활이 시작되었다. 가족의 염려와는 다르게 지윤은 혼자서도 6개월 동안 일상생활을 잘해 나갔다. 6개월을 혼자 살 수 있다면 혹시 부모님이 지윤의 곁에 없더라도 지윤은 충분히 자립할 수 있겠다는 확신이 섰다.

그 무렵 오피스텔 복도에서 다른 거주자들이 문을 여닫을 때 쾅쾅거리는 소음이 심했다. 소리에 민감한 지윤은 신경이 곤두섰고 집으로 돌아와야겠다는 결정을 내리게 되었다.

엄마의 암 수술이 온 가족에게 잠깐의 시련이 되기도 했지만 하나의 계기가 되어 지윤의 자립이 불가능하지 않다는 걸 증명하는 시간이 되었다. 인생은 시련의 연속이긴 해도 불가능을 가능케 하는 시험의 장이 되기도 하나 보다.

인생의 수많은 허들

지금까지 발레리나 백지윤의 인생을 읽은 사람은 그녀를 온실의 화초쯤으로 여길 수도 있을 것이다. 물론 남다른 장애로 인해 지윤이 어려운 상황에 직면하기도 했지만 그래도 가족의 따뜻한 보살핌과 엄마의 사랑으로 발레리나로 우뚝 섰으니 말이다.

하지만 누구 인생인들 꽃길만 있겠는가. 누구 인생인들 화려한 무대 뒤에 감추어진 민낯이 없겠는가. 백지윤 또한 천진난만한 그 모습 뒤에는 사회 속에서 겪었던 맵고 쓰디쓴 인생 경험이 한 보따리라면 믿을 수 있겠는가?

2015년 지윤은 대학을 졸업했지만, 딱히 취업할 만한 직장은 많지 않았다. 처음 잡은 직장은 서울경운학교의 보조 교사였다. 발달장애인 엄마들이 선호하는 자식의 직업 중 하나가 바로 보조 교사였다. 필리핀 유학과 대학 졸업장, 그리고 발레리나라는 타이틀이 지윤의 취업에 도움이 되었을지도 몰랐다. 그 외에도 발달장애인 엄마들이 선호하는 자녀의 직업 패키지로는 도서관 사서와 페스트푸드점 등을 꼽기도 한다.

종로구에 위치한 경운학교는 공립 특수학교이다. 발달장애 학생들을 위한 교육환경을 만들기 위해 초등학교, 중학교, 고등학교, 전공과 과정이 통합된 형태의 학교였다. 지윤은 그 학교에서 발달장애아를 돌보는 일을 맡았다. 무슨 일이든 주어진 일은 우직하고 성실하게 해내는 타입인 그녀는 직장에서 진을 빼고 퇴근해서 돌아오면 녹초가 되곤 했다.

"엄마, 나 오늘 너무 힘들었어."
"오늘은 누가 우리 지윤이를 힘들게 했을까?"
"내가 지난번에 말한 걔 있잖아요."
"누구?"
"눈이 동그랗고 귀여운 애."
"아, 자폐성 발달장애인 아이! 걔가 왜? 또 백지윤 선생님 말을 안 들어?"
"맞아요. 밥을 안 먹는다고 떼를 쓰는 통에 힘들어 죽는 줄 알았어요. 밥을 잘 먹어야지 건강하고 씩씩하게 뛰어놀 텐데 말이야."
"그러게. 우리 백지윤 선생님, 힘들어서 어떡하나."

지윤은 힘든 중에도 보조 교사 일을 성실하게 수행했지만 체력에 한계를 느꼈다. 2015년 7월에 보조 교사를 시작해서 2016년

12월까지 다녔으니까 1년 6개월을 근무하다가 퇴직했다.

두 번째 들어가게 된 직장은 'LG행복마루'였다. 장애인고용공단에서 주선해 준 직장이었다. ㈜행복마루는 장애 여성의 현장실습을 운영하고 채용 기회를 제공하여 장애 여성의 직업 훈련 및 취업 등을 담당하는 회사였다. 지윤은 환경미화 업무 파트에 고용되었다. 'LG'라는 단어 때문에 지윤은 대기업 직원으로 채용되었다는 기쁨으로 설렜다. LG가 자기네 건물의 청소를 위해 환경미화 외주 업체인 ㈜행복마루에 의뢰를 한 것이었지만 지윤은 거기까지 생각이 미치지 못했다.

지윤은 'LG행복마루'라는 글자가 새겨진 개인 작업복을 입고 행복마루 관리자와 함께 LG 건물로 출근했다. 지윤은 타고난 성실함과 근면함으로 맡겨진 청소 업무에 최선을 다했다.

"백지윤 씨, 지금 어디 다녀오시는 건가요?"

LG 건물 화장실을 다녀오는데 건물 관리자가 지윤을 제지했다.

"화장실에 다녀오는 건데요."
"LG 건물 내에 있는 화장실에 다녀왔단 말인가요? 거기는 우리 고객들 화장실이므로 우리는 사용하면 안 됩니다."
"누가 우리 고객이란 말씀인가요? 저도 엄연한 LG 직원인데 왜 LG 건물 화장실을 쓰면 안 된다는 건가요?"

지윤이 관리자에게 따져 물었다. 관리자는 곤혹한 표정으로 설명했다. '행복마루'는 LG 회사에서 청소를 의뢰한 용역 업체이고 우리는 외주 인력일 뿐이다. 때문에 여기 LG 회사는 행복마루의 고객이다. 그러므로 고객의 화장실을 우리가 사용하는 건 매너가 아니라는 것이다. 지윤은 이해할 수 없었다. 그럼 행복마루 앞에 번연히 새겨진 'LG'라는 로고를 어떻게 설명해야 하는 걸까? 그동안 LG행복마루에 다닌다는 자긍심이 얼마나 컸는데, 지금에 와서 LG 회사가 고객이기 때문에 건물의 화장실조차 사용할 수 없다니. 지윤은 LG 사원과 동등하다고 교육받았는데 이런 처사는 불합리하다고 생각했다. 지윤은 자신이 납득할 수 없는 일을 설렁설렁 넘기지 못하는 자존감 높은 사람이었다. 엄마가 행복마루 관리자와 연락을 주고받으며 지윤의 생각을 전달했다. 그 과정에서도 지윤은 엄마에게 불합리한 점을 지적했다.

"엄마, 나도 이제 성인이고 어엿한 직장인이야. 내 직장 문제인데 나와 통화를 해야지 그분은 왜 엄마와 연락을 주고받는 건가요?"

지윤의 말은 하나도 틀리지 않았다. 다만 바위에 달걀을 던지면 바위는 꿈적하지 않고 달걀만 깨진다는 사실을 받아들이지 못한 지윤이 너무 올곧고 순수한 영혼인 게 문제라면 문제였다.
　지윤이 겪는 비슷한 일은 발달장애인이 일하는 일터에서 비일비재하게 나타나는 문제점일지도 몰랐다.

예를 들어 패스트푸드점에서 일하는 발달장애인에게도 애로사항은 발생한다. 대부분 키가 작고 몸이 왜소한 발달장애인 직원에게 매장의 커다란 쓰레기봉투 처리는 힘에 겨운 일이다. 팔이 아프다고 호소하는 발달장애인 직원이 엄살을 부린다고 여기는 점주도 많았다. 전달 능력이 부족한 발달장애인은 점주와 소통을 하지 못해 공연한 오해를 불러일으키는 일도 다반사였다.

자존감이 높은 지윤은 끝내 불합리를 받아들이지 않았고 2017년 1월 10일에 시작했던 LG행복마루의 환경미화 업무를 2020년 8월에 그만둬야 했다. 무려 3년 반 동안 성실하고 부지런하게 다녔던 직장이었는데 지윤의 마음속에 불합리의 상처만 남긴 셈이었다.

행복마루에서 오전 4시간 근무하면서 오후에는 '빛소리 친구들' 무용교육생도 병행했다. 엄마도 직장과 살림을 병행하느라고 바쁜 일상을 보냈지만 지윤의 부지런함과 성실함도 타의 추종을 불허할 정도였다. 지윤은 빛소리 친구들 소속인 '장애인문화예술인' 일자리에서도 2년을 재직했다.

이처럼 지윤은 자립적인 삶을 위한 첫걸음으로 여러 직업적 기술과 자격을 쌓기 위해 노력했다. 또한, 경제적 자립을 위해 관리해야 할 재정에 대해서도 깊은 관심을 두기 시작했다. 지윤이는 단순히 돈을 벌고 쓰는 것을 넘어서, 재정 관리와 저축, 투자 등을 체계적으로 배우며 경제적 독립을 이루기 위해 차근차근 준비했다. 지윤도 어느새 서른의 나이가 코앞이었다.

무용가로서 마지막 불꽃을 태우다

　직장을 다니면서도 지윤은 현대무용과 발레리나로서의 활동을 지속했다. 2020년 대한민국장애인문화예술제 스페셜K 어워즈에 참가해서 〈바다에 뜬 별〉 공연으로 금상을 수상했다. 같은 해 대한민국장애인문화예술제에 참가해서 대상도 받았다.

　무용 이외에도 배우로서 섭외를 받은 일은 지윤에게 흥미롭고 재미있는 경험이었다. 2019년 CGNTV 본격 액션드라마 〈고고송〉에 배우로 캐스팅되어 이미 2005년 영화 〈사랑해, 말순씨〉에 출연하여 화제가 되었던 강민휘 배우와 커플 연기를 했다. 강민휘 배우도 다운증후군 친구였는데 두 사람의 배역이 흥미로웠다. 복지관에서 만난 다운증후군 두 사람이 예쁜 사랑을 키우다가 결혼에 이른다는 설정이었다. 약혼식과 결혼식 장면을 찍기 위해 지윤은 예쁜 드레스를 원 없이 입고 촬영했다. TV 화면에도 너무 깜찍하고 예쁜 모습으로 나와서 시청자들의 눈길을 사로잡았다.

"지윤아, 니가 실제로 결혼식을 한다고 해도 엄마는 그렇게는 해 줄 수 없겠다, 얘. 어쩌면 우리 딸이 이렇게 이쁠까!"

엄마가 농담처럼 말했지만 사실 그건 엄마의 진담이었다. 그만큼 약혼식과 결혼식 장면은 성대했고 드레스가 너무 고급스러웠으니까.

"엄마는, 참! 그걸 말이라고 해요. 그렇게 날 결혼시켰다가는 우리 집 기둥뿌리 뽑힐지도 몰라."

지윤 역시 농담으로 맞받았지만, 지윤도 진담이었을 만큼 멋진 촬영이었다.

2020년 유튜브 채널 피플지TV의 〈라라쌤과 함께 영어배우기〉 시리즈에 지윤이 라라쌤과 함께 출연하여 영어 실력을 보여주었는데 코로나19로 외출이 제한된 시기라서 많은 장애아동이 즐겨 보는 동영상이 되었다.

한편, '장애인문화예술인'에서 재직하는 동안에 발레와 결별하는 시간이 지윤에게 시시각각 찾아오고 있었다.

"엄마, 나는 얼굴과 몸이 따로 노는 거 같아."

지윤이 시무룩한 표정으로 말했다.

"우리 딸, 그게 도대체 무슨 말이니?"
"거울 속의 나는 아직 젊은데 몸은 예전 같지 않고 자꾸 늙는 거 같아. 무용 연습을 하는데도 동작이 느리고 팔다리에 힘이 빠지는 게 느껴져."

엄마도 짐작하고 있었지만, 내색하지 않았다. 스무 살 후반대에 이르자 지윤의 체력이 급격히 떨어지고 있다는 걸 알 수 있었다. 게다가 그즈음 바뀐 무용 선생님이 지윤과 맞지 않았던 것도 겹쳤다. 이전에 계셨던 선생님은 지윤이 무용을 즐기도록 유도하셨던 분이었다. 그런데 바뀐 선생님은 목표 지향적이고 성과 위주로 학생을 지도하시는 분이었다. 굳이 예를 들자면 이전 선생님은 필리핀의 발레 교육을 실천하는 분이었고 새로 오신 분은 전형적인 한국 교육 방식을 고수한다고 해야 할까.

우리나라와 필리핀의 발레 교육을 비교해 보자면 우리나라는 나이별로 반을 갈라 지도를 받는다. 그 반에서 뒤처지지 않으려면 기를 쓰고 연습을 하는 수밖에 없었다. 하지만 필리핀은 학생 각각의 실력과 수준별로 수업을 받았다. 나이와 상관없이 자신의 능력에 맞춰 반을 선택했기 때문에 즐겁게 연습에 임할 수 있었다.

필리핀을 가기 전에 발레학원에서도 이와 같은 문제로 엄마는

<바다에 뜬 별>

<고고송>

학원과 미세한 마찰을 빚은 적이 있었다. 결국 중학생 지윤이 유아반에서 발레를 받음으로 문제를 해결하긴 했지만 말이다. 그런데 필리핀에서는 지윤의 나이와 발레 실력이 아무런 문제가 되지 않았다. 그런데 20대 후반에 이르러서 목표 지향적인 선생님을 만나 그때의 트라우마를 다시 마주해야 하는 순간에 직면한 것이다.

"지윤아, 발끝을 똑바로 세우지 못하겠니? 허리도 꼿꼿하게 쭉 펴고! 큰 무대 경험도 많은 니가 그렇게 못하면 후배들이 뭘 보고 배우겠니? 정신 똑바로 차려라! 지윤이 니가 지금의 한계를 뛰어넘지 못하면 뒤처질 것이고 이 바닥에서 낙오자가 되는 건 한순간이다."

선생님의 서릿발 같은 지적은 강도가 점점 세졌다. 지윤도 안다. 선생님이 지윤에게 더 잘하라는 가르침이라는 걸. 그러나 선생님은 지윤의 체력과 인지능력이 비장애인과 다르다는 걸 이해하려 하지 않았다. 선생님의 질타로 지윤은 점점 움츠러들었고 평소 곧잘 하던 동작도 틀리기 일쑤였다. 심리적 압박감에 눌린 지윤은 점점 무대에 서는 것도 두려워졌다.

결국 우울증이 찾아왔고 공황장애까지 겪었다. 그때 몸무게가 7, 8킬로그램이나 빠졌을 정도였다. 엄마는 지윤을 데리고 예전 선생님을 찾아갔다. 다시 심리적 안정을 찾긴 했지만, 무용을 계

<세 사람 이야기>

속하기에는 체력이 한계에 이르렀음을 선생님도 간파하셨고 지윤 자신도 받아들여야 했다.

어쨌든 몸무게가 빠졌던 그 시점에서 지윤은 무대에 서는 기회를 얻게 되었다. 300명의 오케스트라와 가수 김호중이 함께한 동원대학교 에스페로 공연 무대에 지윤이 오르게 되었다. 발레리나 공연으로는 지윤에게 마지막 무대가 된 셈이었다. 마지막인 만큼 추위도 잊고 혼신을 다 바친 최고의 무대였다.

그 이후에도 2022년 대한민국장애인국제무용제에서 〈세 사람 이야기〉 무대에 섰다. 세 가지 유형 장애인의 이야기를 그린 작품으로 개막작에는 엄마들도 함께 출연하기도 했다. 이 작품은 호주와 협업한 작품으로 호주에서는 영상으로 방영되기도 했다.

그리고 2024년 극단29동의 현대무용 작품인 〈넘어서는 의지〉 공연에도 참여했다. 지윤은 점점 체형의 변화를 느꼈고 발레뿐 아니라 무용도 힘들다는 걸 느끼기 시작했다. 그래서였을까, 몸을 덜 쓰는 연극 쪽으로 방향을 틀었고 지윤에게 기회는 마치 준비되어 있었던 것처럼 서서히 찾아왔다.

켈빈이 있어 든든해요!

가족은 지윤에게 어떤 의미일까? 튼튼한 요새이자 안식처이다. 세상에서 상처 입고 지칠 때면 가족은 언제나 지윤을 토닥여 주고 쓰다듬어 주었다. 지윤의 성격이 밝고 쾌활한 것도 다 가족 덕분이다. 지윤의 가족은 성정이 온화한 편이라서 누구 한 사람 큰 소리를 내는 법이 없었다. 지윤의 남동생 켈빈 또한 착하고 착한 성정을 가진 덕분에 지윤에게는 다정한 동생이자 마음이 통하는 친구였다. 켈빈은 필리핀에서 부르던 호성의 영어 이름이다.

"아휴, 지윤이가 또 고집불통이네. 힘들다, 힘들어."

엄마는 한숨을 쉬며 혼잣말을 했다. 엄마 곁에서 장난감을 갖고 놀던 켈빈이 엄마를 빤히 들여다봤다.

"엄마는 왜 그래? 엄마가 나한테도 그랬잖아. 누나는 우리가 다

고등학교 때

이해해 줘야 한다고."

 켈빈이 지윤 때문에 힘들어하는 엄마에게 따끔한 충고를 해 주는 게 아닌가! 그때 켈빈의 나이 고작 다섯 살이었고 두 살 터울인 지윤이 일곱 살 때 일이다.
 장애인과 비장애인 남매였지만 단 한 번도 싸우거나 툭탁거리는 적이 없었다. 지윤 또한 누나로서 동생 켈빈을 사랑스러운 마음으로 대했다.

 "엄마, 켈빈이 지금 목욕탕에서 혼자 뭐 하는 줄 알아?"
 "목욕탕에 있는 애가 목욕하겠지. 왜 무슨 소리가 들려?"
 "히히히, 엄마는 안 들려? 목욕탕에서 켈빈이 꼭 여자애처럼 노래하는 거 있지."

 어느새 목욕을 마치고 나온 켈빈이 계면쩍은 표정이었다.

 "어어, 누나 그래만 봐. 나도 누나 혼자 춤출 때 동영상으로 찍어 놓을 거다."

 세 사람은 다 같이 웃음을 터뜨렸다. 켈빈은 미용실에도 지윤을 데리고 가서 요즘 머리 스타일로 바꿔 오기도 한다. 그런 쪽으론 지윤은 엄마 말보다 켈빈의 의견을 따르는 편이다. 또한 젊은 세

고등학교 때

101
발레리나에서 배우로 변신한 백지윤

?

대의 문화를 지윤에게 접해 주기 위해 예쁜 카페와 음식점에 함께 가서 남매가 맛있는 것도 먹고 즐겁게 수다를 떨다 오곤 했다.

"켈빈, 엄마는 완전 할머니 취향이야."
"그건 좀 그래. 내가 볼 때 누나 취향은 개성 만점이거든. 근데 엄마는 사고방식이 완전 구닥다리라니까."
"그러니까. 나는 이게 너무 예쁜데, 엄마는 분명 이상하다고 난리 칠 거야. 켈빈, 니가 엄마 좀 설득해 봐."

MZ세대인 지윤과 켈빈이 한편을 먹고 졸지에 엄마를 뒷방 노인네로 만들기도 한다. 때때로 엄마는 켈빈에게 SOS를 치기도 했다.

"호성아, 제발 지윤이 좀 말려 줘라. 내가 아주 미친다, 미쳐!"
"또 왜? 누나 완전 야한 옷 샀구나."
"이번 옷은 너무 심해. 그걸 입고 어딜 간다고 저러는지 모르겠다."
"엄마, 누나가 다분히 끼가 좀 있긴 해. 내가 또 나서서 모녀 사이를 중재해야겠군."

지윤도 엄마 말은 듣지 않았지만 동생 말은 먹힐 때가 많았다. 엄마는 그렇게 우애가 돈독한 남매만 봐 온 터에 다른 집도 다 그러려니 했다. 그런데 다른 사람들로부터 형제와 남매가 싸운다거나 사이가 좋지 않다는 소리를 들으면 꼭 남의 나라 얘기로 들릴 정도였다.

한집에서 오순도순 지내던 남매였지만 어느새 성인이 된 켈빈이 결혼해서 분가했다. 지윤에게는 올케라는 여자 형제가 한 명 더 생긴 셈이었다.

세월이 흘러 연로해진 부모님이 더는 지윤을 보살필 수 없는 날이 오더라도 켈빈이 있어서 마음 든든하다.

남동생에게 의지하는 게 어디 지윤뿐이겠는가. 켈빈도 자기를 끔찍이 생각해 주는 혈육인 누나가 있어서 힘이 날 거라 믿는다.

한쪽이 다른 한쪽에게만 쏟아붓는 희생이 아닌 서로에게 힘과 의지가 되는 관계가 바로 가족이라는 이름이 아닐까 싶다.

<젤리피쉬>의 켈리로 연극 무대에 서다

서른이 넘어가면서 지윤은 더는 무대에서 몸으로 하는 발레와 무용에 자신이 없어졌다. 서서히 노화가 진행되고 있는 건지도 몰랐다. 그때 지윤을 향해 또 다른 기회가 성큼 다가오고 있었다.

〈고고송〉이라는 드라마에 출연하기도 했고 유튜브에서 〈라라쌤과 함께 영어배우기〉에서도 활약한 바가 있긴 했다. 한국장애인문화예술원의 모두예술극장에서 이런 지윤을 눈여겨본 걸까? 오디션에 참가한 지윤은 연극 〈젤리피쉬〉의 주인공으로 선발되었다.

기쁜 일이었지만 엄마는 걱정이 앞섰다. 발레와 무용은 몸으로 표현하면 되는 공연이지만 연극은 대사를 외우면서 연기도 해야 하고 상대 배우와 호흡도 맞춰야 하는 그야말로 종합예술이었다. 조금의 실수도 용납할 수 없을 뿐 아니라 장시간을 집중해야 하는 일이었다. 더군다나 1회로 끝나는 것도 아니고 며칠 동안 공연

<라라쌤과 함께 영어배우기>

을 이어 나가야 한다.

극장 관계자가 지윤과 엄마에게 '모두예술극장'의 취지를 자세히 설명했다. 모두예술극장은 국내 최초 장애예술인 표준 공연장으로 누구나(장애와 비장애) 쉽게 접근 가능하도록 수어 통역, 자막, 음성 해설 등 유형별로 특화 공연을 제공한다. 2023년 10월에 개관한 극장은 문체부에서 장애예술의 창의성, 다양성, 향유권을 실현하기 위해 공연, 창작, 교육을 할 수 있도록 한 공연장이었다. 지윤에게는 안성맞춤인 공연장이긴 했다.

엄마는 극장 관계자에게 지윤을 생각해서 조건을 걸었다. 만약 공연이 진행되는 동안이라도 배우가 건강상의 문제로 인해 공연을 지속할 수 없으면 멈출 수 있다는 조항이었다. 극장 관계자는 이의 없이 그 조항을 수락했다.

〈젤리피쉬〉는 영국 극작가 벤 웨더릴 원작으로, 2018년 영국 런던 부시시어터 초연부터 영국 최고의 권위 있는 언론인 가디언지에서 '현실을 반영한 섹시 로맨틱 코미디'라는 호평을 받았다. 영국 내셔널시어터(2019), 호주 뉴 시어터(2023) 공연까지 실제 다운증후군 배우가 주연을 맡아 화제가 됐다. 우리나라에서도 실제 다운증후군 배우로 지윤이 발탁된 것이다.

연극 〈젤리피쉬〉는 27세 다운증후군 여성 켈리(백지윤)가 어느 날 바닷가에서 30대 비장애 남성 닐(김바다)과 사랑에 빠진 뒤 엄마 아그네스(정수영)와 갈등하며 사랑을 키워 가는 이야기이다.

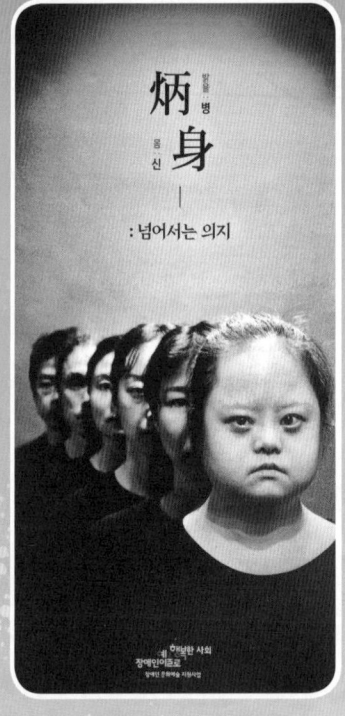

<넘어서는 의지>　　　　　　　　<열두 개의 문>

엄마는 또 다른 걱정이 들었다. 아무리 대사를 열심히 외우고 연기 연습을 하더라도 실제 무대에서 지윤이가 대사와 연기 동선을 잊어버리는 초유의 사태가 일어날 수도 있는 일이었다.

"어머님이 하시는 걱정을 저희라고 하지 않았겠습니까. 걱정하지 마세요. 혹시 프롬프터라고 아세요?"
"프롬프터요? 그게 뭔가요?"
"네, 무대 밖 공간에서 배우를 따라다니며 대사를 잊어버리지 않게 도와주는 사람입니다. 무대에서 연기하는 백지윤 배우님을 프롬프터가 도와줄 겁니다."

엄마는 그제야 마음을 놓을 수 있었다.

드디어 연극의 막이 올랐다. 다운증후군 여성의 사랑과 독립을 발랄하게 그린 영국 연극 〈젤리피쉬〉는 한국장애인문화예술원, 크리에이티브테이블 석영 공동 제작으로, 3월 18일부터 4월 13일까지 공연되었고 생각보다 훨씬 큰 반향을 불러일으켰다. 처음에는 5회로 마치려고 했지만, 관객의 열화와 같은 성원에 힘입어 20회 공연으로 늘어났다.

"백지윤 배우는 암기력도 탁월하긴 하지만 그래도 추상적 단어는 어려우니까 작품 줄거리를 프린트해서 벽에 붙여 놓았어요. 그랬더니 백지윤 배우뿐 아니라 다들 시각적 이해도가 높아졌다니까요."

연출을 맡은 민새롬 감독이 소개한 비하인드 에피소드다.
엄마 역을 맡은 정수영도 '지윤은 본능적인 배우'라면서 '한 달 만에 눈동자를 마주쳤는데 정말 맑았다. 켈리 대사가 100% 다가와서 울컥했다.'고 말했다. 정수영 배우는 '〈젤리피쉬〉가 세상의 시선을 확장시킬 수 있으면 좋겠다.'는 소망을 밝혔다.
언론은 물론 연극 평론가들도 관심을 갖고 〈젤리피쉬〉를 언급하기 시작했다.

-장애·비장애 이야기가 아닌 경계와 편견을 허물고 각자의 사정과 감정을 깊이 이해하며 삶을 돌아보게 하는 인생에 대한 이야기다.(이주영 평론가)

-이해와 배려가 느껴지는 비연극적 요소가 연극 〈젤리피쉬〉의 여백을 채워 관객들에게 온전한 충만함을 준다. 모두에게 꼭 권하는 작품이다.(박병성 칼럼니스트)

연극 〈젤리피쉬〉를 관람하기 위해서 충정로 모두예술극장에 사람들이 몰려들었다. 장애인 공연의 가장 큰 아픔이었던 관객의 외면이란 고질적인 문제가 해결되고 있는 듯했다.

<젤리피쉬>

발레리나에서 배우로 변신한 백지윤

"모든 사람은 달라. 나는 우리가 다 가족이 되면 좋겠어."

가족과 사회, 자립과 사랑을 둘러싼 '켈리'의 여정
진정한 '자기 삶의 주인'은 누구일까?
모두가 주체적으로 살아갈 수 있는 다양성과 포용에 대한 질문을 던지며
장애와 비장애를 넘어 모든 관객에게 새롭고 깊은 울림을 전하다!

<젤리피쉬>

작품도 좋고 배우들의 연기도 좋고 연출은 대단하고 극장도 모든 관객에게 서비스를 제공할 준비가 되어 있지만 〈젤리피쉬〉를 성공시킨 것은 역시 관객이었다.

그런데 어떻게 관객이 들기 시작했을까? 바로 바이럴 마케팅이었다. 한 크리에이터가 〈젤리피쉬〉를 보고 짧은 영상을 올리면서 관람 소감을 말한 것이 계기가 되어 연극 〈젤리피쉬〉 홍보영상 조회 수가 쭉쭉 올라가면서 확장성에 가속도가 붙은 것이다.

지윤은 대본을 들고 살았다. 엄마도 지윤이가 그렇게 열심히 할 줄은 몰랐다. 지윤이 엄마에게 자신의 머릿속에 젤리피쉬 대본이 들어와 있는 거 같다고 말할 만큼.

"엄마, 오늘 공연 때 토가 나왔고 그래서 실제로 토했거든요. 그래도 공연은 끝까지 했어요."
"지윤아, 그렇게 몸이 아픈데 공연을 어떻게 계속했니?"

엄마는 가슴이 쓸어내려졌다.

"엄마, 생각해 봐요. 관객석에 앉아 있는 그 많은 사람이 나를 보러 온 거잖아요. 근데 내가 아프다고 안 할 수가 없는 거잖아요. 끝까지 하는 걸 보여 주고 싶었어요."

지윤의 핀잔에 엄마는 눈물이 울컥 나올 만큼 딸이 대견하고 기특했다.

  아빠를 포함해서 온 집안 식구도 지윤이가 장장 두 시간이나 무대에서 연기를 하는 것을 보고 뿌듯해했다. 이제 지윤에겐 연극배우라는 새로운 타이틀이 붙게 된 셈이었다.

  〈젤리피쉬〉는 2025년 올해 9월에 다시 관객을 찾아간다. 한층 깊어지고 한 뼘 성장한 연극배우 백지윤이 무대에서 펼칠 명연기에 사뭇 기대가 크다.

새는 알에서 나오려고 싸운다

〈젤리피쉬〉 공연을 하면서 지윤은 여러 면에서 정말 많이 바뀌었다. 발달장애의 특성상 고집이 세고 다른 사람들과 소통이 쉽지 않을 때가 종종 있었다. 자신만의 생각을 깊숙이 넣어 둔 채 입을 꾹 다물고 표현을 하지 않아서 상대방을 숨 막히게 했었는데 이제는 자기 생각을 표현하는데 주저함이 없었다. 또한 온화한 가족 성격으로 지윤도 목소리가 작았고 착한 사람 신드롬이 있는 편이었다. 그래서 큰 목소리를 들으면 지윤은 두려움을 느꼈고 불안감을 호소했던 사람이었다.

그런데 연극에서 켈리라는 인물은 큰소리로 화를 내기도 하고 심지어 욕하는 장면도 있었다.

"엄마, 내가 원래 욕도 하지 못하고 화도 낼 줄 모르잖아요."
"지윤이 너만 욕을 못하니? 우리 식구는 원래 욕도 안 하고 소리도 안 지르잖니."

?

공연 후

"근데, 정말 신기해. 내가 막 화도 내고 욕도 하는 거 있죠."
"어머나! 지윤이 네가 화도 내고 욕도 한다고?"
"그럼, 어떡해요. 연극 대사에 욕이 나오는데 그대로 외워서 화를 막 내야지."

지윤은 평소 화를 내거나 욕을 하는 일은 나쁜 일이라고 알고 있다. 하지만 욕을 하거나 화를 내는 것도 사람의 감정 표현 중 하나라는 걸 연극을 통해 깨달았다. 연극 연습을 하는 동안 지윤은 연출가님에게 야단도 많이 맞았고 동료 배우들과도 마찰이 있었다. 하지만 지윤은 그들이 사랑으로 묶여 있다는 걸 알고 있었다. 누구보다〈젤리피쉬〉연극이 잘 되길 바랐고 지윤을 아낀다는 것도 절실하게 느꼈다. 그래서 그분들의 질타와 조언이 하나도 서운하게 들리지 않았다.

예전 같으면 어림도 없는 일이었다. 엄마는 지윤의 이러한 변화를 지켜보면서 연극을 함께한 분들에게 감사할 따름이었다. 한층 성장한 딸의 변화로 집안에 평화가 찾아왔다고 아빠도 너무 좋아한다. 지윤이도 스스로가 성장했다는 걸 알고 있다.

"엄마! 내가 발음이 너무 좋아졌고, 사람들과의 관계도 자연스러워져서 너무 좋아요."

지윤이 밝게 웃으며 말했다.

학교에 다닐 때부터 지윤은 개에 관한 트라우마가 있었다. 그래서 개를 보는 순간이면 지윤은 그 자리에 멈추곤 했다. 연극을 하면서 사람들과의 관계성이 호전되는 걸 본 엄마는 시골에서 강아지를 데려와 친밀해지도록 조금씩 연습시킨 적도 있다. 장애인연극을 하다 보면 객석에 안내견을 동반한 시각장애 관객이 있기 때문이다. 아직도 개를 보면 긴장을 하지만 그조차도 차차 좋아질 것이다.

"지윤이는 무대에 서더라도 자신이 유명해졌다는 생각은 하지 않아요. 자신이 연기를 해냈다는 걸 즐거워할 뿐이죠. 사실 엄마인 제 입장에서는 지윤이한테 언제 또 이런 기회가 올까 염려가 됩니다. 요즘은 기업에서도 장애예술인들을 고용하는데 연극은 그런 기회가 없는 것 같아요. 조금 안정적으로 활동을 했으면 좋겠어요. 그리고 공연을 보신 분들이 연극 내용이 지윤에게 현실이 될 수 있지 않겠느냐고 물어올 때가 있어요. 저는 지윤이가 누군가의 사랑을 받고 그 감정을 느껴 보고 그래 봤으면 좋겠다고 생각해요. 본인도 연애까지는 해 보고 싶다고 하더라고요."

지윤이 연극인으로 유명해진 지금도 더 큰 꿈을 꾸지 않는다. 현재 상태에서 지윤이 행복하다면 그걸로 만족한다. 외부로부터 큰 박수를 받더라도 지윤의 마음이 괴롭고 힘들면 그건 지윤 자신도 바라는 일이 아닐 것이다.

?

강아지 적응 중

〈젤리피쉬〉를 감상한 관객의 반응은 다채로웠다. 여기에서 몇 개를 소개하고자 한다.

Q: 평소 장애예술에 관해 관심이 있으셨나요?
A: 장애예술이 있는지도 잘 몰랐어요. 근데, 예전에 자신이 가진 장애를 긍정적으로 극복해 낸 어느 유튜브를 보고 장애를 가진 분들에 대한 응원의 마음이 생겼어요. 그러면서 장애예술 공연장이 따로 있다는 것도 알게 되었고 관련 작품들을 찾아보게 되었습니다.

Q: 연극을 보면서 인상 깊은 장면이 있나요?
A: 닐이 아그네스에게 켈리도 스스로 할 수 있다, 라고 말하는 장면이 인상 깊었어요. 닐처럼 장애인에게 따뜻한 시선과 태도를 보여 주는 사람들이 앞으로 늘어났으면 좋겠어요.

Q: 연극 관람 후 생각의 변화가 있나요?
A: 실제로 다운증후군 백지윤 배우가 연기하는 모습을 보고 장애인에 대한 편견이나 부정적인 인식이 사라졌어요. 장애인도 비장애인과 마찬가지로 주체적인 삶을 살아갈 수 있음을 느꼈습니다.

연극을 관람한 관객 중 여성 한 분이 지윤에게 카드를 직접 보내왔다. 언니(그분이 지윤보다 나이가 어린 여성이었다)의 연기를 보고 벅찬 감동을 느꼈다는 내용이었다. 지윤이 그분한테 겸손한 자세로 부족한 사람의 연기를 좋게 평가해 줘서 고맙다는 답장을 보냈다. 그분이 언니에게 부족하다는 말은 가당치 않다고 언니는 정말 대단한 사람이라는 반응을 보이기도 했다.

'새는 알에서 나오려고 싸운다. 알은 곧 세계다. 태어나려고 하는 자는 하나의 세계를 파괴하지 않으면 안 된다.'

헤르만 헤세의 소설 「데미안」에 나오는 유명한 구절이다. 어쩌면 지윤은 자신이 속한 세계를 끊임없이 파괴하면서 알에서 나오려는 한 마리 새일지도 모른다.

서른이 훌쩍 넘긴 지윤과 육십을 넘긴 엄마, 두 사람에게 소박한 꿈이 생겼다. 잠시 쉴 틈도 없이 너무나 숨 가쁘게 살아온 두 사람이다. 중년에 이른 지윤과 머리가 하얀 노년의 엄마는 두 손을 꼭 잡고 문화센터에 무언가를 배우러 가는 모녀가 되고 싶다. 그날을 머릿속에 그리면서 지윤과 엄마는 바쁘고 보람차고 행복하게 오늘도 살아가련다.

백지윤

2006. 8 필리핀 어학연수
2007. 3~2009 필리핀 세이트조셉 학교 재학, 필리핀 할릴리-크루즈 발레학교

2009. 9~2011. 2 혜화여고 2학년 전학/졸업
2011. 2~2015. 2 디지털서울문화예술대학 입학/졸업

2020. 3~12 빛소리 친구들 무용교육생
2021. 3~2022. 12 장애인문화예술인 일자리 2년 재직

수상
2008 필리핀 세이트조셉 학교 모범학생 표창장
2010 문예총 클래식발레 동상, 디지털문화예술대학교 클래식발레 동상
2011 사단법인다운회 모범 표창장
2013 평창 동계 스페셜올림픽 축하 공연
2020 대한민국장애인문화예술제 스페셜K '바다에 뜬 별' 대상

공연
2020 장애인문화예술축제 '바다에 뜬 별'
2021 품바야, 대한민국장애인국제무용제 개막 공연 '열두 개의 문'
2022 대한민국장애인국제무용제 '세 사람 이야기'
2023~2024 29동 무용단 '넘어서는 의지'
2024~2025 연극 '젤리피쉬'

방송
2005 SBS 피플 '백조가 된 미운 오리 새끼'
2008 KBS 피플 세상 속으로 '내 사랑 못난이'
2009 KBS 인간극장 5부작
2020 EBS 희망풍경 '지윤아, 너를 응원해'
2020 YTN 다큐24 '모두가 예술'

기타
2019 CGNTV 드라마 '고고송'
2020 장애 영유아 유튜브 프로그램 방송 '나랑 영어하자'